U0634281

加缪传

人生是一出荒诞剧

朱滨华◎著

中国华侨出版社

·北京·

图书在版编目（CIP）数据

加缪传：人生是一出荒诞剧 / 朱滨华著 . —北京：中国华侨出版社，
2019.5
ISBN 978-7-5113-7759-3

Ⅰ . ①加… Ⅱ . ①朱… Ⅲ . ①加缪 (Camus, Albert1913–1960) —传记
Ⅳ . ① K835.655.6

中国版本图书馆 CIP 数据核字（2019）第 057316 号

加缪传：人生是一出荒诞剧

著　　者：朱滨华
责任编辑：姜薇薇　桑梦娟
责任校对：孙　丽
经　　销：新华书店
开　　本：670 毫米 ×960 毫米　1/16 开　印张：15　字数：196 千字
印　　刷：河北省三河市天润建兴印务有限公司
版　　次：2019 年 6 月第 1 版
印　　次：2024 年 5 月第 2 次印刷
书　　号：ISBN 978-7-5113-7759-3
定　　价：42.00 元

中国华侨出版社　北京市朝阳区西坝河东里 77 号楼底商 5 号　邮编：100028
发 行 部：（010）64443051　　　传　真：（010）64439708
网　　址：www.oveaschin.com　　E-m a i l：oveaschin@sina.com

如果发现印装质量问题影响阅读，请与印刷厂联系调换。

前言

在法国维尔布勒万市政厅对面的喷泉中央，阿尔贝·加缪头像浮雕石头上，镌刻着这样一行碑文："通往巅峰的奋进足以充实人类心灵"，这是对加缪最确切的评价了。加缪的名字，在思想界充满了魅力，在文学界绽放着光辉。他的生命虽然短暂，却得到了充分的燃烧，他对世界的认识和对正义的追求，给我们留下了一笔珍贵的精神遗产。

阿尔贝·加缪（Albert Camus，1913—1960年）是20世纪法国著名的文学家和哲学家，"荒诞哲学"的代表人物。他也是有史以来最年轻的诺贝尔文学奖获奖作家之一。1947年他就因小说《鼠疫》获法国批评奖，并获得了诺贝尔文学奖的提名，从而引起人们的关注，那一年他只有34岁。10年后，1957年，瑞典文学院将诺贝尔文学奖授予加缪。颁奖词这样写道："他作为一个艺术家和道德家，通过一个存在主义者对世界荒诞性的透视，形象地体现了现代人的道德良知，戏剧性地表现了自由、正义和死亡等有关人类存在的最基本的问题。"

贯穿加缪的思想和文学中两个最大的主题是——荒诞和反抗。"荒诞"这个概念是 20 世纪文学和哲学中非常重要的关键词之一。在加缪的全部文学作品和哲学随笔当中，"荒诞"是他强调的最重要的一个概念。但值得我们为之振奋的是，加缪没有像其他发现世界问题的思想家们颓废成为一个虚无主义者。对待世界的荒诞，加缪主张坚持奋斗，努力抗争。人们不仅能清醒地发现荒诞，还要对荒诞进行反抗，"我们反抗，所以我们存在。"（加缪《尼采与虚无主义》）他把世界荒诞性作为前提，去思考人类的生存和发展。

在加缪的作品中，渗透着他的这一系列的观念。在他同一时期创作的"荒诞三部曲"《局外人》《卡利古拉》《西西弗神话》中，对人们的荒诞处境给予了揭示。后来的"反抗系列"作品《鼠疫》《正义者》《反抗者》，宣扬了在荒诞中奋起反抗、在绝望中坚持真理和正义的伟大的自由人道主义精神。

不仅他的文学作品和观念中处处体现了荒诞性，他的生命也是在荒诞中进行的。

他的一生几乎都在贫穷中度过，但他却认为："对我来说，贫困从来不是一种不幸：光明在那里散播着瑰宝。连我的反叛也被照耀得光辉灿烂。我想我可以理直气壮地指出，这反叛几乎始终是为了大家而进行的，是为了使大家的生活能够升向光明。"（加缪《反与正》序言）他喜欢回忆童年贫穷但却快乐的那段时光，他说过："呵护着我整个童年的那份恬心的温暖，使我用掉了所有的怨尤。尽管那时我几乎一无所有，但却也生活得欢天喜地，觉着浑身有使不完的力气：当时我唯一想做的一切，就是要找寻一条能够把这浑身气力使唤出去的门路。拦住我的去路的，并不是贫穷：在非洲，太阳和大海不要我分文。"

他的作品里，都有他生活的轨迹，只是讲述得很谨慎。他总是在作品中避免使用第一人称而让人联想到传记，或者是用隐晦的语言巧妙地隐藏了自己的真实感情。尽管他曾断言："以为凡作家必定会写与自己有关的事情并在书中描写自己，那是浪漫主义遗留给我们的一种幼稚想法。一个人的作品常常讲述他的渴望或欲念，几乎从来不是他自己的真实故事。"其实只要熟读他作品的人都能看出，他的作品带有很强的传记性质。这些作品，为我们了解加缪提供了重要的参考依据，乃至提供了进入他内心的途径。

他生命的终结，也是对荒诞的最好诠释，加缪曾说："在我看来，没有什么比死于车祸更荒诞的了。"可命运之神偏偏上演了一出荒诞剧。

1960 年 1 月 4 日，加缪搭乘好友便车去巴黎，途中发生车祸，加缪当场死亡。

加缪短暂的一生与他所传世的文学作品所承担的盛誉形成了鲜明的对比，他缔造了世界文学史上的一个传奇。作为西方荒诞哲学的重要人物，加缪从未尝试去写大部头晦涩难懂的哲学巨著，高屋建瓴地阐述那些深奥的哲学命题。他是在他的小说、戏剧、哲学随笔中，用幽默的语调，优美的辞藻，轻松地驾驭了看起来很复杂很矛盾的主题，并让人们喜欢上他的表达形式。

加缪在他第七本手记中曾列出他心爱的 10 个词：世界、沙漠、母亲、穷困、人们、荣誉、痛苦、大地、夏日、大海。这是他在关于生命意义的哲学思辨中提炼的 10 个主题词，这些词折射出加缪的精神质地：乐观、道义、感性和对爱的追求。这种精神在他的处女作《幸福的死亡》里初露端倪，其后，始终贯穿在他的人生经历中，并且，贯穿在他对人生思考的表述里。这为我们研究加缪提供了重要的线索。

本书以加缪最心爱的 10 个词展开阐述，勾勒出一位充满人道主义精神的大写的"人"、一个孤独的哲学家的灵魂、一个伟大文学家跌宕的一生。

目录 / contents

穷困

第一章

我从不曾放弃过追求光明。

感受幸福的存在，

向往少年时自由自在的生活。

——《写作的荣光》

1. 金边相框里的十字勋章

　　加缪每每谈到自己的童年和少年，总是以充满怀念的语调，向人们讲述那些曾经的欢快和自在。他的快乐记忆，并非仅仅是北非的风光和人文习俗，尽管他经常在作品中极尽妙笔去描写阿尔及尔，但那里显然不值得他那么的自豪。更大成分上，那是对自由的眷恋、对母亲的爱和对养育他的土地的感恩。而且，这份情感，终生影响着他，影响着他对所有事物的认识、理解和判断。

　　像所有人一样，加缪的成长与他早期生活、学习的环境有着直接的关系。但加缪作为一个伟大的人物，则显然会引发我们更大的兴趣，去关注他青少年时代颇多的传奇。其实，加缪在阿尔及利亚的生活，一直是在极度贫困中度过的。正因为此，也使我们知道了贫困之于加缪同样有着不可或缺的意义，贫困也影响着他——加缪是以童年的苦难及在苦难中的挣扎而磨炼出来的。

　　阿尔贝·加缪，1913 年 11 月 7 日出生于法国殖民地阿尔及利亚的一个平民家庭。

　　这个伟大的文学家、哲学家并非出身于书香门第，甚至先辈们都没有受过什么教育。他的祖父是位目不识丁的法国穷人，在家乡从事农业，兼做铁匠。在法国实行殖民统治时期，他们移民到了法属阿尔及利亚。父亲名叫吕西安·奥古斯特·加缪，1885 年出生在阿尔及尔省的乌莱德 –

法耶。在吕西安刚满周岁时，他的父母相继离世，同哥哥和姐姐一起被送到了一家孤儿院。虽然孤儿院里的生活异常艰苦，但吕西安还是成长为一个有着蓝色眼睛、褐色须发的英俊青年。

吕西安·加缪于1907年至1908年在朱阿夫军团服过两年兵役后，在君士坦丁地区的波纳，一个叫李科姆的葡萄酒出口公司工作。这是个规模很大的公司，在全国进行葡萄酒收购，并提供出口。他凭借着开朗的性格、精明的头脑而得到一个好的工种，是一名负责任的酒窖管理员，这是个收入比较高的工作。当时一个铁匠每天挣6法郎，像吕西安·加缪这样经验丰富的酿酒工每天能挣到20法郎。

1910年11月，吕西安·加缪娶了比他大三岁的卡特琳娜·埃莱娜·桑德斯，三个月后，他们的大儿子吕西安·让·艾蒂安出生。对从小就是一个孤儿的吕西安来说，生活安定、家庭温馨使他非常满意自己的现状。他更加起劲地忙碌在起伏延伸的绿色、橙黄色或是裸色的葡萄园。在工作岗位上，吕西安不仅学会了阅读和书写，还学会了用修饰语点缀自己写下的句子，宣泄一下情感；学会了在对话中委婉地表达自己的态度，努力地使自己显得有文化。

1913年的秋天，再次怀孕的卡特琳娜带着大儿子，长途跋涉从阿尔及尔来到了波纳。1913年11月7日，一个有着一双美丽蓝眼睛的男孩诞生了，父亲给他取名叫阿尔贝，年轻的父亲显然没有足够慎重，因为这个名字太过普通，甚至每40个法国人当中就有一个同名者。

加缪一家四口生活在波纳的蒙多维市。波纳今天被称为安纳巴，是个飘荡着茉莉花和桃花香气的城市，它位于阿尔及利亚的东北部，是阿尔及利亚最重要的一个港口。法国政府在此设立了必需的基本公共设施，而当地的居民则建起了咖啡馆、影院、狩猎协会等，是个富裕的适合生活的地方。

第一次世界大战的烟火席卷了欧洲的上空，也不可避免地影响了加缪一家平静安逸的生活。吕西安·加缪再次被朱阿夫第一团征召服一个兵役期，回到了驻扎在君士坦丁省的部队。因为形势不好，妻子卡特琳娜不得不带着两个幼小的儿子，从波纳回到阿尔及尔。

1914 年 8 月 4 日，两艘在地中海游弋的德国巡洋舰炮轰波纳，侵犯了法国的东北部。法国迅速应战。首先出征的是朱阿夫军团这支精良的部队。在激情万丈的出征仪式上，吕西安·加缪穿着朱阿大军团颇具北非风格的制服，上身坎肩，下面是红色的灯笼裤，头戴小圆帽，意气风发。法国人固有的乐天精神，认为打退德国的进攻不过是一场战役的问题，甚至喊出的口号是：打到柏林去！要割掉的不仅仅是威廉二世的胡子！但德国人用他们精良的武器和冷静的作战风格狠狠地打击了法国人的狂热，朱阿夫军团第 1 营 54 连神射手吕西安·加缪是首批伤员中的一个。在视线开阔的战场上，穿着漂亮的红蓝彩条军服和耀眼的红灯笼裤的朱阿夫军团，在战火中像蜡娃娃一样很快就熔化了。

因战征召入伍后，有两张明信片以吕西安·加缪的名义寄给他的妻子，第一张正在艰苦的战斗中，为了不让妻子担心，吕西安善意地欺骗了妻子："深情地吻你和孩子们。代问朋友们好。告诉我你的近况。我的身体和近况都很好，不用担心。"几天之后，卡特琳娜又收到一张明信片，是从圣－布里厄的一个临时战地医院寄出的，署名是"你的丈夫"。格式很奇怪，上面歪歪斜斜地写着"我受伤了，不要紧"。实际上，写这张明信片的时候，吕西安因头部受伤已经看不见了。不久后的 1914

年 10 月 11 日，吕西安因伤势过重，不治身亡。过了一段时间，战地医院的一位护士寄来了打中吕西安头部的弹片，并附了一张明信片安慰他的家人："这样好些。不然他会成为瞎子或会发疯。他很勇敢。"

阿尔贝才 8 个月大的时候，就永远地失去了自己的父亲。

稍稍懂事后，他偶尔翻看过家里一个收藏着父亲遗物的冰冷的铁盒子。父亲在阿尔贝心目中是这样一个角色——铁盒子里装着的几份公证文件、一些褪色的模糊照片、几张从战场上寄来的明信片、一枚死后追授的奖章以及曾经留在他头颅里的几块弹片。除了这些之外，好像父亲从来就没有在他的生命中出现过。实际上，童年、少年生活中父亲的缺失，对加缪有着许多重大的影响，这不仅使加缪的生活开始走向了贫困，而且直接或间接地对加缪的心理成长产生了许多潜在的作用，只是不易察觉而已。加缪也许没有意识到，自己是多么地渴望父爱，他具有自传性质的未竟遗作《第一个人》的第一个章节就是"寻找父亲"。书中主人公雅克·科尔梅 34 岁的时候，在旅行时来到了位于圣 – 布里厄的军人公墓，第一次见到了他父亲的墓碑，突然无比震惊地意识到："埋在这块石板下的父亲比他还年轻。"

家庭的生活陷入窘境，卡特琳娜带着两个儿子投奔了阿尔及尔的娘家，他们住在了里昂街 93 号，位于阿尔及尔的贫民区贝尔古。是以卡特琳娜母亲桑德斯太太的名义租下来的。

丈夫以身殉国，阿尔贝的母亲卡特琳娜备受打击，她在无比的悲痛中默默地将丈夫的十字勋章小心翼翼地装进一个金边相框，并一直挂在里昂大街的房间里。

2. 牛筋皮鞭

　　阿尔及尔整个城市坐落在一个半圆形的港湾边上。道路依坡而建，盘旋着通往山上，人们居住的房子就修建在道路两旁。这里到处都是用稍加雕琢的白色石头砌成的阿拉伯式石头房子，密密麻麻沿山而上。太阳热辣辣地照在头顶上，蓝色海水在白色房屋的边缘漾着波纹。当人们远眺时，从海上向左看，是喧闹、拥挤不堪的工人居住区，那就是阿尔及尔东城贫民区贝尔古。生活着阿尔及利亚的下层白人，他们糅合了欧洲人和北非人的乐天、慷慨、爱虚荣、爱争吵，冲动得快气泄得也快。性格和出身决定他们多是从事着小商贩、车夫、挖土工、建筑工等一些下层人干的粗活。从海的右边看去，是人口密集的卡斯巴街区。那里以西班牙人、意大利人、犹太人居多，他们从事的都是教师、医生、律师等在当时高贵一些的职业，他们的文明程度显得高许多，会利用假期去法国度假。

　　阿尔贝的外祖母名叫卡特琳娜·玛丽·科尔多纳，1857 年出生于西班牙马翁附近的一个名叫赛－路易的村庄，属于西班牙的梅诺卡岛，人们习惯称呼她桑德斯太太。她原先在家乡和丈夫一起经营一个小农场，繁重的劳作，让那个有些诗人气质的孱弱的丈夫英年早逝。她随后就带着几个年幼的孩子，搬到了阿尔及尔，孩子们没机会接受教育，到了学徒年龄就得去干活。因为有着太多的亲人都死于战争，包括两个女婿和几个侄儿，命运的坎坷使得桑德斯太太的性格专横粗暴。她整个人看上去呆板生硬，眼睛却明亮而逼人，她绝对不允许家人违背她的意思行事。

这一家5口人全住在一套带着过道的三居室里。霸道的桑德斯太太住其中一间，最大的那间有一个朝外的小阳台，墙壁刷过石灰，是家里的餐厅兼加缪的舅舅的卧室。阿尔贝、阿尔贝的哥哥吕西安和母亲住第三个房间，里面只能容纳一个带镜子的衣橱、两张铁床。套房里没有浴室，家里人每星期在一个锌皮大盆里洗一次澡，男孩子们则更愿意去海里游泳。在加缪搬离这个家之前，一直没有电，黑暗里唯一的光源就是餐桌正上方有一盏煤油吊灯，阿尔贝和哥哥吕西安就在那个餐桌上做作业。因没有自来水及时冲洗，楼梯拐弯处的蹲式厕所常年散发出臭气。厨房里用具也不全。每当卡特琳娜需要烤制食物时，加缪或者他的哥哥就得托着一大盘食物到附近的一家面包店去将它们弄熟。条件看起来很艰苦，不过在贝尔古，这些都是再寻常不过的事情了。那个时代无论在阿尔及利亚还是法国本土，工人家庭的生活状况都是如此贫困，挣扎在社会的边缘。

因为生活条件太差，清苦的外祖母对手里微薄的钱财十分悭吝。整个童年时期，阿尔贝都是穿着过长的外套，外祖母是担心孩子长得快，衣服很快就会变小，所以老会给他买大一些的衣服。可是阿尔贝发育得很迟缓，长外套总是在还没有合身的时候就被穿破了，被同学们一直嘲笑是穿着奇装异服。更有甚者，有一次阿尔贝藏了两法郎要去看球赛，在暴烈的外祖母的逼问下，他只得谎称是掉到便池里，身材笨拙的桑德斯太太，竟然趴在散发着恶臭的卫生间地上，摸索了好一会儿。这让加缪第一次萌生了对善与恶概念的思索。尽管恶念是偶然为之，但他成年后每每念及此次行为，还是十分后悔。

贫困和艰辛折磨着成年人的心智，而阿尔贝则不大理会这些，他有一个无忧的童年。清晨，太阳照射着贝尔古，热气中能闻见各种调料和金银花、茉莉花等混杂的香味。演奏音乐的人带着非洲鼓、笛子和响板从街上走过。一到中午，热辣的太阳照下来，大人们就被热气熏得昏昏欲睡，而这却是孩子们放肆玩耍的好时段。外婆怕阿尔贝出去和孩子们胡闹，逼迫着他跟着一起睡午觉，阿尔贝实在难以忍受，他总会偷偷跑出来，和他的小伙伴们嬉闹着奔跑到街道的尽头一头扎入大海，或者是合伙捉弄那个貌似凶狠的阿拉伯狗贩子。这些场景都在加缪遗作《第一个人》中得到细致的刻画。从书中我们可以看到，加缪对他的童年生活体味深刻，贫穷和阳光都是阿尔及尔给他的恩赐。

孤儿寡母，寄人篱下，这让阿尔贝的母亲卡特琳娜，成了一个隐藏了自己内心的沉默的女人，哪怕她最亲爱的儿子，也感受不到她的温情。可怜的阿尔贝过早地失去了父爱，尽管母亲和他生活在一起，他也并没有享受过多少母爱。但阿尔贝在这一点上显得特别成熟，他从不责怪母亲，而总是报之以理解，并逐渐学会爱她。

卡特琳娜头发棕色，小个子，有着亲切的方形脸和一双忧郁的深色大眼睛，是桑德斯太太9个孩子中的老二，自小就体质很差。起先她只是有些耳背，不识字，能根据口型猜到别人说什么。而当她得知丈夫的死讯时大脑受到了强烈刺激，在床上昏睡了几个小时，起来后，便再不肯轻易说话了。这位懦弱的母亲从不让别人看出她的情绪，实际上，她也没有任何的情绪。她没有文化，人又笨拙，只能从事一些简单而艰辛的劳作。战争期间为一家弹药工厂分拣子弹，战争结束后成为一名洗衣女工，长久的辛苦劳作，她的手指因为风湿病而红肿。所有无暇思考自己是幸福还是不幸的人似乎都是一样的，卡特琳娜只知道干活和在沉默中过着日子。她没有再嫁，曾经有个马耳他鱼贩子对她有点意思，让她偷偷欢喜了好一阵，脸上时常挂着含蓄的笑意，甚至有了心情对自己的外形稍作修饰。结果被她的箍桶匠兄弟艾蒂安识破，对那个鱼贩子大打出手，撵跑了他。从此以后，卡特琳娜的生活又恢复了无声无息，偶尔人们会无意间看到隐藏在里昂街 93 号阳台天竺葵丛后，那个穿着一成不变的黑色宽松罩衫的矮小人影，在寂寞中默默地注视着街道上的景色。

桑德斯太太很喜欢抱怨，这些住在她房子里的人，都会让她感到心烦。她抱怨卡特琳娜和她一样都成了寡妇；她抱怨儿子约瑟夫早早地就离开家庭，尽管约瑟夫利用在铁路上工作之便做点买卖，倒腾些鸡、鸭和兔子等，也经常会送点给他的母亲；她还抱怨做箍桶匠的耳朵半聋的儿子艾蒂安，竟然在干活时把手弄伤了，休息的这段时间将影响家里的收入。她唯一不怎么抱怨的是卡特琳娜的妹妹嘉碧和女婿古斯塔夫·阿库，他们在城里开了一家肉店，他们家在阿尔及利亚应该属于中等阶层。

桑德斯太太平时显露出的更多是性格的粗暴，最明显的标志物是她在墙上挂着的那根牛筋鞭子。每当孩子们违反了她的意愿或者让她觉得不舒服了，她便用这根鞭子来表达自己的态度，比如吕西安踢足球时将鞋子磨损了，她就会让卡特琳娜取下鞭子，使劲地抽打他。甚至是阿尔贝的一个手指头在艾蒂安舅舅的制桶作坊里被夹伤流血，外祖母也因为他给人添了麻烦而把他痛打一顿。每当这个时候，卡特琳娜从不阻拦，即使牛筋鞭子抽打两个孩子的时候让她心疼不已，她也没有表露出来，只是哀求她的母亲不要打孩子的头部。

加缪从小就生活在这样混乱恶劣的环境里，他把这些苦难也作为他作品的素材，写进了他的成名作《反与正》中："他们一家5口：老婆婆，她的次子加长女和她的两个孩子。儿子寡言少语，女儿有残疾、脑子不灵。两个孩子有一个在保险公司上班，小的还在读书。老婆婆已70岁，家里凡事还是她说了算。"①

外祖母也颇会要些手段，为了树立绝对的权威，经常当着女儿的面逼问女儿的儿子，在母亲和外祖母之间，更爱哪一个？孩子一定会用训练有素的口气立刻回答：更爱外祖母！无论如何都是要这样回答的，这不只是在家里，在任何场合面对任何对象，都要这样回答，特别是应对家里来的客人的发问。

当年吕西安·加缪被确认是参加了那次对德战役而死亡，行政当局允诺向其遗孀发放抚恤金。可是一直到1921年5月，小儿子阿尔贝都7岁了，卡特琳娜才接到有关管理部门的通知，她将得到一份每年800法郎的终身抚恤金；她的孩子每人每年也将得到300法郎的抚恤金，直至年满18岁；同时全家还得到了免费医疗的权利。父亲为国捐躯终于得到了补偿。这在当时，大大地缓解了家里的困顿。

由国家抚养的战争孤儿吕西安和阿尔贝，还可以享受助学金，卡特琳娜让两个儿了都上了学。

大儿子吕西安个头长得结实，虽然学习成绩不好，但是善于交际，

①柳鸣九主编：《加缪全集》，散文卷I，17页，上海，上海译文出版社，2010。

招人喜欢。吕西安 14 岁那年，进了当地的大公司李科姆商行，他没有当年他父亲在公司的地位，只当了一名跑腿的小工，但每月可以领 80 法郎的薪水。他保护着孱弱的弟弟加缪。难得有了零钱，兄弟俩会分食一罐甘草柠檬露，吕西安会爱怜地帮弟弟抹去嘴边一圈黄色的痕迹。

沙漠

第二章

一个人在一生中从他人那里能得到
巨大启示的机会是很少的，
通常只有一两次，
但它们却能使你改变面貌，
恰似你走了好运。

——题《岛屿》序言

1. 民族的学生

因为可以享受到抚恤金和助学金，1923年，已经10岁的"战争孤儿"阿尔贝·加缪，成为沃默拉街男校的一名小学生。

幸运的是，在这里他遇到了改变他命运的一个人——路易·热尔曼。热尔曼老师给加缪的帮助，让加缪感激涕零。加缪后来把诺贝尔文学奖的演说词献给了他的这位老师。

路易·热尔曼虽然只是一位小学老师，但他是贝尔古的一个知名人物，在为数不多的好老师里面，他属于精英了。热尔曼有些秃顶，高个子，身板笔直，对待学生很严格。如果学生们没有认真的学习态度，他不排除进行体罚，他用那条叫作"麦芽糖"的红木大尺子亲近不听话学生的屁股，孩子们对他十分敬畏。但热尔曼也是全学校最受学生欢迎的老师，他有着无穷无尽的知识。上课时，还会适时地从他的聚宝柜里拿出他自己收集的矿石、花草和昆虫标本、卡片等能引起学生思考兴趣的东西。他还有一台神奇的幻灯机，这也是他的私人物品。每个月里有两天，他会挑选一些自然科学和地理知识方面的幻灯片，带着孩子们了解他们从来不知道的世界，这让孩子们十分爱戴他。

热尔曼十分认同法兰西第三共和国初期的政治家于勒·费里的《致小学教师的信》里的观点，"你们是家庭中父亲角色的补充，在某些方面甚至是代理"。这一情况说的似乎就是针对加缪这样的孩子。热尔曼先生对战争的遗孤们格外关照，他曾声情并茂地朗读了罗兰·多热斯莱的小说《木十字架》，让小小的加缪热血沸腾，仿佛感受到了父亲当年的英勇行为。

由于小学教师的资源比较缺乏，热尔曼老师教授着加缪他们那个二年级的所有普通课程。他注意到这个腼腆清秀的孩子，上课时特别认真，对知识充满好奇，非常有语言天赋，不仅语法学得扎实，还刻苦地练习发音和朗诵。这个孩子穿着虽然破旧但很讲究，裤子每天都熨得很平整，鞋子擦得很干净。课间休息时，热尔曼老师无意间看到加缪在踢足球的时候，会爱惜地脱下皮鞋，以至有次伤到了脚。他和加缪交谈过几次，惊叹这个从小就没有父亲的孩子的心态是这么的阳光乐观。

加缪是个好学生，小学期间成绩优异，因此得到了家人的另眼相看。桑德斯太太忽然觉得，让加缪多认识一些字是有好处的。因为有一个很现实的事例就足以证明，这一家的孩子和女人最喜欢的消遣，就是去离家不远的电影院看电影。在电影正式放映之前有一段文字节目单，桑德斯太太不识字，总会态度略微谦和地对坐在旁边的加缪说："我忘了戴眼镜，你给我念念。"

桑德斯太太原本认为孩子小学毕业，就该出去工作挣钱了，吕西安是这样，加缪也不能例外。怯懦的卡特琳娜不敢顶撞母亲，但看着加缪那么爱学习，成绩也非常理想，她终于下定决心要为自己的儿子争取一个机会。她找到热尔曼老师，希望能让加缪在升入中学时，还能依靠申请奖学金来支付学费，只有这样，才能说服外祖母同意加缪继续上学。因为家里实在太穷了，根本没有办法来供孩子读书。经过和加缪妈妈的对话，热尔曼老师才了解了加缪家里贫困的真实状况，他更加坚定地要帮助这个聪明又开朗的小男孩，他希望加缪能够升上中学。

为了能说服加缪的外祖母，热尔曼老师特地做了一次家访。他向老太太夸奖加缪在学校里各项课程成绩优秀，加缪的表现深受老师和同学们的喜爱。在热尔曼老师的耐心劝说下，桑德斯太太终于明白奖学金能够抵消学费，而且将来中学毕业后，加缪就能找到一份更像样的工作，比如小学教师，这会比箍桶匠体面，而且工资高很多。桑德斯太太也无法忽略卡特琳娜期待的眼神，终于松口了：如果确定中学能够获得奖学金，加缪就可以继续上学。

这段决定了加缪命运的情节，在《第一个人》中描述得非常详细。这部加缪原本要写成一生最好的书，之所以取名为《第一个人》，就是把自己视为本家族从原始状态中走出来、走向文明的"第一人"。可见加缪对这样的一个人生转折点是多么肯定。

热尔曼老师每天都会为加缪等几个学生免费辅导。由于知道学习的机会来之不易，加缪异常努力，在老师的辅导下，各科成绩都有了很大的进步。中学奖学金资格选拔考试时间，热尔曼老师亲自去贝尔古区将孩子们接来，陪同他们来到位于阿尔及尔西边的公立中学考试点。为了缓解孩子们的紧张情绪，也为了给孩子们加油，他还给孩子们买了美味的牛角面包。这些细节让加缪很感动。孩子们在里面考试，热尔曼老师倒是紧张了起来，在考场外焦躁地转来转去，等到他的学生们都出来了，他又为他们核对答案。两天后，结果出来了，没有辜负热尔曼老师的期望，加缪以优异的成绩被录取了。热尔曼老师带着加缪一起来到他的家里，把这个好消息告诉他的家人。这让很少表达自己感情的卡特琳娜，激动地亲吻了儿子的额头。在外祖母的真诚感谢下，热尔曼老师离开了加缪的家，也从此离开了加缪的生活。

那一刻，加缪对热尔曼老师充满了依恋和感恩之情，他在《第一个人》里写道："他冲向窗户，看到他的老师最后一次向他挥手告别，让他日后独自去闯荡。他没有了成功的喜悦，一种无尽的孩子的痛苦绞得心痛，就好像他预先知道，这一成功使他刚刚脱离了那个无辜而热情的穷人世界，这世界自我封闭，犹如大千世界中的一个小岛，在那里，贫困使众人一家，团结一致，而被抛到了一个陌生的世界，那里不是他的世界，他不能相信那里的老师会比这个内心无所不知的老师更博学。今后，他必须无助地去学习、去了解，最终成为一个男人，不再有那唯一曾助他一臂之力的男人的帮助，要自己去成长、去提高，并为此付出极大的代价。"①

在他人生的巅峰时刻，他会时刻记得这个扭转了他命运的人。尤其是站在诺贝尔文学奖领奖台上最辉煌的那一刻，他也想到了给这个尊敬的人献上感激之情。加缪后来在日记中表达了自己的成长经历中遇到所喜欢的一些人，都是那么的不同寻常，他在这些人身上看到了美德、尊严、朴实和崇高等许多闪闪发光的东西，令人羡慕而又怀想。这就是他一生中最大的幸运。

上小学时，加缪从家里到学校只要 10 分钟。而到了初中，他要从里昂街乘有轨电车，然后还要步行一段路才能到学校。这样一来，加缪每天 5 点半就要起床，才能赶上学校 7 点半之前的免费早餐。加缪一直不愿放弃这个他应该得到的权利和荣耀，因为免费早餐是有奖学金的优

---

①柳鸣九主编：《加缪全集》，小说卷，551 页，上海，上海译文出版社，2010。

秀学生的待遇。

加缪对中学的生活，有一点喜欢，也有一点不顺心。初中的学习内容多了一门拉丁文，这门课程让加缪吃了点苦头，因为在贝尔古那个地方，人们都不太明白拉丁文或者英文是什么。尽管他的其他所有课程包括法语、历史、地理、自然科学和数学等，因为热尔曼老师在小学已经为他打下了很好的基础，学习成绩依然令人瞩目。但他并不能得到老师的表扬。曾经在路易·热尔曼老师眼里严肃认真、稳重缄默同时又机灵好奇的模范生，在中学老师的眼里，却被认为是不守规矩、固执任性。老师经常为一点鸡毛蒜皮的小事，罚他课后留在学校好几个小时。

加缪在小学时的同学，都是出自和他层次差不多的家庭。而在中学里，不仅有贝尔古区的孩子，还有阿尔及尔富人区的孩子。在比较之后，他产生疑惑，第一次对自己的出身萌生了意识。他在贝尔古的生活，所认识的每一人都和他一样，对贝尔古人来说贫穷就像这世界上的空气一样普遍而自然，而在现在的学校，他才知道了有与他不同的人存在。那些学生穿着体面，他们的房子高高地位于小山之上。他跟着他的同学去过他们家的别墅，屋里的装潢富丽堂皇，他们用油画、地毯、小摆设来装潢他们的房子，身边围绕着仆人与勤务员，这让穿着绳底帆布鞋的加缪很有点感到不安了。想来想去，他的家里似乎没有什么装饰品，如果那个阿拉伯的铜烟灰缸和一本墙上挂的邮政局日历算的话，也就仅此而已。他以前一直以他是个荣获奖学金的优等生、被誉为"民族的学生"而骄傲。后来才知道，这个称谓不仅阵亡士兵的子女们可以获得，军队和政府官员的子女们同样可以获得。加缪懵懂地感到了和那些身份高贵的孩子们之间的差别，以至在填表格时，对于母亲职业一栏，他产生了犹豫，想要既体面又诚实，便自以为高妙地填了"家政"。这在后来让他对自己当初的想法产生过羞耻感。

加缪当然不可以老是陷在这些无趣的困惑中，他想到了该去读点书。在加缪的恳求下，外祖母虽然抱怨加缪又给她添了麻烦，但还是在市立图书馆为加缪办了借阅证。加缪在休息日总是泡在图书馆里，除了教师们推荐的教材和书籍之外，他还读了很多文学名家的作品，从大仲马一直读到巴尔扎克。他也把书借回家里读。本来加缪的家里没有一本书，加缪通常在休息时间或是与一群伙伴飞奔在绿野上，或是在大街上玩那种类似于曲棍球一样的万嘎棒击游戏，或是去海滨游泳，大声喧闹着在水中上下翻跃，纵情支配着他们的那片海域。现在加缪更愿意将时间花在家里那个最大房间的桌旁，静静地读书。

对于家人来说，他读书时的样子使他变得让人觉得很陌生。在《第一个人》里，加缪回忆，母亲试图接近正在看书的他："母亲在去角落落座前走到他身旁。'是图书馆？'她说道。这个词她发不好音，她是听她儿子说的，他什么也不告诉她，不过，她能从书的封皮上认出来。'是。'雅克头也不抬地说。卡特琳娜从他肩头俯身看着。她在灯下看着两个长方形，一行行规则的排列；她也呼吸着那种味道。有时，她把由于洗涮变得粗硬的手指点到书页上，好似要更好地了解什么是书，要离这些神秘的符号更近一些，这些符号她无法理解，但她儿子却经常几个小时地沉醉于这种她所陌生的生活中，当他回到现实中，望着她的目光如同面对一个陌生人。变形的手柔柔地抚摩着孩子的头，他毫无反应。她叹了口气，然后离他远远地坐下。'雅克，去睡觉。'外婆重复着命令，'明天你会迟到的。'雅克站起身，准备着第二天上课的书包，把书夹在腋窝下，然后，将书压在长枕下，像个醉汉，沉沉地睡去了。"[1]

读书使加缪懂得许多，他说的一些话题，家人根本插不上嘴，他所知道的世界上的事，比家里任何人都多。外祖母觉得热尔曼老师的话是对的，加缪以后完全有希望成为一名小学教师，加缪自己也是这么期望着、努力着的。

和书籍一样让加缪痴迷的是足球。如果不是因为生病使他放弃了足球，说不定加缪会成为一个优秀的足球运动员。整个初中时期，在每天下午4点到晚自习开始前的这段课余时间，加缪通常都会踢球。由于加缪发育很迟，个子很矮小，戴着一顶大一号的运动帽，队友们戏称他为"蚊子"。

他本来一直都是在中锋的位置，因为守门员有了突发情况不能上场，他才替补去守门，但人们很快发现他是个出色的守门员。他做守门员异常勇猛，他敢于扑倒在对方球员的裆下救球，敢于和其他人身体碰撞，有一次在用胸脯抵挡射门时，他竟昏倒在球门前。加缪的守门赢得了名声，也让他和同学之间变得比较融洽。在1930年10月间举行的一场青年队的比赛中，加缪和他的队友尽管以0比1失利，但体育简报报道说，他们整个球队的表现应该得到毫无保留的祝贺，而其中最出色的是加缪，他曾有过绝佳表现，只是在混乱中才失掉一球。守门员加缪一时间成了一个明星。队友之间的友情也淡化了他曾经不断增强的身份差异感。

---

[1]柳鸣九主编：《加缪全集》，小说卷，第589页，上海，上海译文出版社，2010。

2. 形而上学

这一年冬天，加缪参加会考，他以优异的成绩升入高中。

加缪所在的中学声誉很好，阿尔及尔高中教师的水平在法国是很高的，这个队伍里不乏专家级的人物，如阿尔及利亚地理专家普莱斯，甚至还有教师是保皇党人兼"法兰西行动党"成员。这里丰厚的工资、宜人的环境，都让他们十分乐意在这里做个负责任的好老师。教师给学生们讲授心理学、逻辑学、伦理学以及社会学的基础知识，通过这些课程慢慢引导学生对哲学的兴趣。这些少年学到了文学、哲学，有的人还了解了宗教。贝尔古区的穷人很少会信仰宗教，桑德斯太太总是说，吃不饱肚子就不要谈什么信仰。而一些来自法国本土的家境优越的学生，就有着鲜明的立场。加缪的朋友乔治·迪迪耶厌恶别人讲粗话，加缪学着外祖母的口气形容一个人死了"好了，他不会再放屁了"，这让乔治教训了他一番。在哲学课上，乔治确定了自己的宗教信仰，他对这一人生使命的果断选择让加缪为之着迷。

高中的哲学课本使用的是由阿尔芒·居维里耶编写的教材，作者解释了哲学的起源及其使命，他认为哲学曾经囊括所有学科的普遍知识，但是现在它将认识世界的任务留给了科学，而哲学则是关于世界观的形而上的抽象思考。加缪最初接触到的哲学观，就是居维里耶的观点：哲学的真正使命，是寻求通向道德观念、人类行为准则及正义行动的先决条件的那种"智慧"。在令人费解的、深奥的哲学课上，加缪遇到了他一生的良师益友——哲学老师让·格勒尼耶。

格勒尼耶老师当时年仅 31 岁，他虽然出生于巴黎，却并没有巴黎精致而浮夸的腔调，他对地中海文化情有独钟，宣称自己是"阳光的孩子"，这让加缪觉得他们是一路人，倍增亲切感。他们很快就成为一对好朋友。格勒尼耶喜欢加缪，把活跃得有点过头了的加缪视作班上最好的学生之一，对他的喜爱超过了一般的教师和学生的关系。有几天，加缪生病没有来上学，他还特意让另一名同学陪着，坐出租车来到贝尔古，看望了病中的加缪以及他贫穷的家庭。格勒尼耶老师的到访，让这个年轻的病人受宠若惊，甚至"因为腼腆和感激而说不出话来"。

哲学老师格勒尼耶不仅对加缪的哲学思想形成影响，而且也引导了他对文学的兴趣。

也许是父亲血脉里的那一点点文学基因，又或许是母亲血统那边遥远的上辈曾颇有诗人气质，加缪天生是个对文字非常有感觉的人。他从识字开始就想要写作。刚刚进入高中，加缪就开始了文学创作，写了几篇评论性随笔，并发表在名为《南方》的小型文学评论杂志上。格勒尼耶看到了，他很认真地对待这几篇文字。尽管这几篇评论很青涩，但表达的方式让格勒尼耶看到加缪的文学个性。同时，格勒尼耶也看出了加缪的轻率，文中引用了一些名家语句，但并不是很恰当，他怀疑加缪是否都理解了。他立刻找加缪谈了问题所在。他认为加缪没有家学渊源，同时由于年轻也没有阅历，勉强说些大道理，对他目前的文学创作并没有好处，他希望加缪多读一些书提高自己。在格勒尼耶的建议下，加缪开始有选择、有重点地大量阅读很多名家们的作品——希腊哲学家、尼采、陀思妥耶夫斯基、托尔斯泰、安德列·马尔罗等，并且开始养成写读书札记随笔的习惯。在格勒尼耶的帮助和鼓励下，加缪确定了自己文学创作的方向：将生活作为创作的源泉，只用朴实无华的语言谈论简单而熟悉的生活经历。

不久，加缪读到了格勒尼耶老师那部充满哲思的理论随笔《岛屿》，这一次，让加缪学到许多东西。他领会到一些从前不知道的社会学词汇，并且学会了进行抽象的思考，他还在文艺观念和文学创作上得到了融会贯通。无疑，这本书给加缪带来了震惊，也带来了启迪，让他大开眼界。成名后的加缪在应邀为此书再版所作的序里，坦率地写到了这本书对他的巨大而深远的影响，他说："在我发现了《岛屿》这本书的那些时间里，我觉得自己已经萌发了写作的冲动。"[1]这本书不仅激发了他进行哲学研究的兴趣，也更坚定了他文学创作的决心。

加缪感慨格勒尼耶老师和他是在他最需要的时候有了最恰当的相遇。他感到幸运的是，格勒尼耶给了他重大的启示并让他终生受益。这之后，加缪所有的作品，在没有发表之前，一直都先给格勒尼耶老师看看。他在出版的第一本书《反与正》中，有一篇专门写沙漠的文章，题记是送给老师格勒尼耶的。在这篇文章中，他描写沙漠："在这天地间的伟大呼吸中，同一股气息相隔几秒钟的距离，便已倏然吹过；然后渐行渐远，重奏乱石与空气的主题曲，那是回荡于整个天地的抒情曲。每出现一次，这主题便降一次调。愈是追随着它远眺，我的心情便愈平静。待到这激动人心的远眺告终，我放眼扫视一遍这起伏跌宕的群山群谷，

---

①柳鸣九主编：《加缪全集》，散文卷II，第499页，上海，上海译文出版社，2010。

它们仿佛同时在呼吸，那声息犹如整个天地都在引吭高歌。"①他这是带着无比的热爱来描写沙漠，他将沙漠赋予了人性。他发自内心地歌颂沙漠："它将一些人从苦行引向享乐、从贫穷引向舒适和丰盛。我过去和现在都赞赏这在尘世间联结人们的纽带以及这双重的反映。我的心灵可以参与并在一定程度决定其幸福，将它实现或者将它摧毁。"②很显然，这都是借助对沙漠的美好崇敬来感恩他的老师。加缪一生不仅视格勒尼耶为导师，更是把他当作崇拜的偶像。

虽然在高中的学习过程中，加缪的学习成绩并不是最拔尖的，但第三学期的哲学课作文，他得到了全班第一的好成绩，获得了老师很好的评语。他通过了中学毕业的会考，顺利进入了大学文科预科班，这可并不是容易的事情。接下来，他准备参加竞争激烈的学业考试，同时他还申请参加法国大学学科教师招聘会考，通过这次考试是在法国大学执教的必要条件。

---

①柳鸣九主编：《加缪全集》，散文卷Ⅰ，第71页，上海，上海译文出版社，2010。
②柳鸣九主编：《加缪全集》，散文卷Ⅰ，第73页，上海，上海对文出版社，2010。

3. 大学时期的习作

比较而言，高中生活的枯燥乏味像绳索一样捆绑着学生们的灵性，而大学生活是自由开放的。尤其是文科班的学生们，他们更加意气风发，充分展示着自己的个性。他们对待学习并不过分热心，而是把精力都放在了交友和游荡上了。年轻人整日结伴逛街，充分了解了整个城市的结构和特色。

加缪也交了几个好朋友，他们都是以后有望成为诗人、编辑、律师和建筑师的知识分子。他与他们一起喝咖啡、漫步阿尔及尔城市的街头，度过了许多愉快的好时光。加缪在同学们的眼中是很特别的，他有着与生俱来的宁静气质，穿着非常沉稳规矩，一点也不像别的小伙子那么夸张或者随意。手里还总是拎着一个小手提箱，在公园的长凳上、在咖啡馆里，随时随地打开手提箱，从里面拿出一些文艺杂志之类的别人没有见过的书籍。和别人谈起话来，引经据典，腼腆中透露出冷傲，让不了解他的人，感到他十分神秘而且高贵。

加缪的这种改变，源自高中期间因患肺结核病而休学。他在养病期间终于有机会过上了一段优裕的生活。

加缪生病后，由于外祖母的重视，阿库姨夫将他接到家里来养病。卖肉的阿库姨夫家里的伙食标准很好，顿顿有肉糜，这对于这个苍白而瘦弱的病人，是必需的营养。而让加缪获取更多的是阿库姨夫家里为他提供的精神食粮。阿库不是一个庸俗的商人，他懂生活，更注重修养，他比城里绝大多数的原籍欧洲的阿尔及尔人更有文化。姨夫家里有一间装修精美的书房，是加缪休养期间最爱待的地方。在这里他开始了真正的阅读。他不仅读到了巴尔扎克、雨果、左拉的全集，在书房里，他还能接触到有政治倾向的法国作家夏尔·莫拉斯、安德烈·纪德等人的作品。法国象征派大师，法兰西学院院士保尔·瓦雷里的诗耽于哲理，倾向于内心世界，追求形式的完美。这种手法是加缪十分喜欢的，他看到喜欢的章节，会情不自禁地朗读出来："我在此吸吮着我的未来的烟云，/ 而青天对我枯了形容的灵魂 / 歌唱着有形的涯岸变成了繁响。/ 美的天，真的天，看我多么会变！/ 经过了多大的倨傲，经过了多少年 / 离奇的闲散，尽管精力充沛，/ 我竟委身于这片光华的寥廓。"

他也尝试了诗歌的写作。他模仿瓦雷里的手法，写了一首很长的诗来表达对地中海的热爱，其中用词很多都是瓦雷里的诗作里的原句："在海滨墓园里，只有永恒存在""平静的海面上的正午太阳"。

加缪通过阅读，逐渐开始有意识地训练文学写作，他学习了各种体裁文艺作品的写作方法——一本正经的书面体、情节生动的叙事体、抑扬顿挫的朗诵体，并知道应该把它们有机地融合在一个作品里。在以后的习作中，他不断地训练熟悉运用这些技巧。

阿库姨夫认为，一个人良好的教养比才干更重要，头脑聪明的人胜过书呆子，无知但有道德的人比虚伪的家伙有价值。在耳濡目染中，阿库的思想也潜移默化地影响着加缪。姨夫一家对聪明爱学习的加缪也十分欣赏，姨夫经常看到加缪读书时会在纸上记下随笔，他打内心喜欢。他兴趣来的时候，经常和外甥讨论文学和政治，他发现加缪有很多独特的见解。他对加缪抱有很大的希望，相信他的外甥以后一定会写出一些好的作品。

阿库姨夫没有孩子，对加缪视同己出。这段时间，加缪生活在富裕中，由俭入奢易，在富裕的姨夫家里，加缪已经领略了雅致的生活。他喜欢穿白色的衬衣和袜子，因为这样纯净的装束看起来很优雅。

养病的这 10 个月时间，加缪的境界已经不同于以前，显然提升了许多。书本里的知识，让这个在贝尔古区混乱粗俗环境里生活了 17 年的加缪，拥有了超出一般同龄人的感性，成为一个年轻的知识分子模样。这些积淀让进了大学的加缪脱颖而出，大家都承认加缪是个有魅力的人。

特别幸运的是，让·格勒尼耶依旧在大学预科班教授哲学，而加缪还是他的学生。相比较于晦涩难懂的哲学，当然是文学更吸引加缪。而这一点，只有格勒尼耶能更好地引领他。

刚一进入大学预科班，加缪就曾雄心勃勃地问格勒尼耶老师，他是否可以写一些配得上发表的东西？格勒尼耶很肯定地答复："当然！"格勒尼耶不仅阅读、批改、赞赏加缪的文章，还会和加缪探讨一些名人的作品。格勒尼耶和一些当时比较有名气的作家通信时，会情不自禁地在信中夸奖加缪是一个很有前途的学生，格勒尼耶老师说，加缪处处显示了对文学艺术的热爱，而这种爱，完全可能转变成对其他任何东西的热情执着。加缪对老师也是十分敬仰的，他在谈到格勒尼耶《岛屿》一书时说："因为这是一种幸运，而不是一种力量，在一生中能这样心甘情

愿地佩服一个人是不容易的。" ①

加缪的哲学论文一直写得不错，曾获得过大学预科班的二等奖。他的另一篇讨论文学体裁的论文，获得了老师和同学们的一致赞誉，这并不是随口说说而已。关于文学体裁，他也是进行了一番研究的。他已经开始关注小说，欧洲小说的渊源是从《荷马史诗》开始，经过骑士文学，一直到现在。他断定，长篇小说这一体裁一定会取得非凡成就。他在思考通过多种主题的交织和人物思想、行为的多样性，来反映我们纷繁复杂的社会生活，在这之前，他只是写一些评论性文章，评论的内容涉及作家、道德与宗教，甚至是音乐。虽然不是很成熟，但得到格勒尼耶的鼓励，他积极地向一些刊物投稿，也经常被刊用。这样，使他对评论文章的写作有了一些自信，笔法越发老练和凌厉起来。

现在他确定了，小说是他最终要掌握的体裁，随后，他立刻行动起来，先开始了短篇小说的初试。他在文艺月刊《南方》上，发表了一篇《一个死婴的末日》。由于刚接触小说，他还不能够熟练运用小说写作的技巧，虽然他从自己的生活中发现并汲取了一些很有用的素材，但是处理得不够自然，连他自己也不算满意。小说写道："我年届十八，已记不太清楚那温馨愉快、文静而又多病的童年时光。"忽而笔锋一转谈人生哲学："我曾有过坚定的原则：上帝，不朽的灵魂，为他人而活着，对物质的享受嗤之以鼻。"还超出现实想象性地写了爱情故事情节。对这篇习作，他没有一点底气，只是用了一个缩写的笔名来发表的。

加缪对写作有着狂热的喜爱，为了进行写作训练，积累创作素材，

---

①柳鸣九主编：《加缪全集》，散文卷Ⅱ，500页，上海，上海译文出版社，2010。

他写下很多本笔记，并且这个习惯陪伴了他一生。在不断的锤炼中，他逐渐形成了自己的写作风格。而有一点则显得特别重要，那就是，他总是带着激情写作。

虽然加缪已经得到一些肯定，但毕竟过于年轻，还没有人把他当回事。只有格勒尼耶读懂了他的这位学生眼中蠢蠢欲动渴望成功的光芒。

痛苦

第三章

当对幸福的憧憬过于急切，
那痛苦就在人的心灵深处升起。
——《西西弗神话》

1. 肺结核病

毕竟，从童年到青年，加缪更多的是承受着种种的不幸。他从贝尔古贫民区走出来，刚刚接触社会，就遭受了接二连三的痛苦打击。第一个重击就是肺结核病。

关于他生病的起因也说不好，外祖母觉得是因为他太贪凉，长时间在海水里游泳而导致。但贝尔古的孩子都是这样的生活习惯，这种说法似乎并不能让人信服。加缪自己分析，是因为过度劳累和足球大运动量所导致。

无论如何，这病一定是跟随贫穷一道来的。

按照外祖母的说法，穷人是没有什么假期的，除非躺下起不来了，否则就是要去工作。在初中升入高中的假期里，外祖母让加缪一定要去工作，她觉得本来加缪在上学期间就已经够轻松的了，不能在假期还看着他待在家里闲着。加缪尝试了好几种工作。相比于五金店的小伙计来说，加缪在海关经纪人那里从事的整理发票、报关税等工作，工资高出很多。加缪将第一个月的薪水交给外祖母时，老太太高兴地留给加缪20法郎零花钱。老太太终于确信多读书就是一种投资了，回报时丰厚很多。加缪在每天辛勤地劳作后，回来还会在油灯下如饥似渴地看书。这一切负荷超出了加缪身体的承受能力。在高中第一学期结束之前的一次足球赛上，他又被一记临门射球砸中胸口，当场一下就晕了过去。这之后，他一直发烧、呼吸困难、咳嗽，先是吐出带着泡沫的鲜红的血，随后就是暗紫色的血块。医生诊断说是肺结核。

作为战争孤儿的福利之一，加缪使用了免费医疗权利。但在免费医疗的集体病房里，住着的都是一些社会底层的穷苦病人。他们对疾病有着过度的恐惧，却由于贫困反而不大珍惜生命，会拿死亡当作一件乐事来互相打趣。每次当一个病人打完空气针（当时治疗肺结核的一种比较有效的方法）后，病友们会对他说："好了，这位还能多活几天。"然后就满不在乎地大笑了起来。这个时候，加缪笑不出来，17岁的他，已经意识到自己正面对着死亡，他惊恐地等待着死亡的随时降临。这迫使他对生与死进行严肃认真的思考。正如他在《反与正》的序言里写道，"一次重病使我暂时丧失了生活的力量，并使我的内心一切改观"。[①]

他不参加病友们之间的粗鲁玩笑，默默地把恐惧藏在了自己的心中，试图在书中找到缓解的方法。他看了著名的斯多葛学派哲学家爱比克泰德的著作，这位伟大的古罗马哲学家年幼时也是穷苦出身，和加缪的状况很相近。爱比克泰德认为，疾病对于人的身体诚然是一种羁绊，但是对于人的意志则不一定。加缪从他的文章中，找到了自我开解之道。

可巧他很喜爱的法国作家纪德也是肺结核患者，加缪反复读着他的那部《阿曼塔斯》，试图向伟大的作家寻求一种通感。纪德在那部作品里，写到患病的感受。纪德是个潇洒的人，他以微笑直面人生。他蔑视疾病，庆幸自己由于患病而所得到的全是快乐，完全持一种乐观的态度。

就这样，一种对抗疾病的力量暗暗地在加缪的心中滋生着。他果然

---

①柳鸣九主编：《加缪全集》，小说卷，6页，上海，上海译文出版社，2010。

从文字中获得了力量，他还把自己对疾病、死亡的感悟用文字记录下来，来应对这人生的痛苦。在《婚礼集》中，年轻人当年患病期间的随笔，变成了铅字："这方面最不值一提的是疾病，那是一种治疗死亡的药物：他们拼命避免完全死亡。它是一种训练，第一阶段便是自恋自爱。它支撑着人们：他们真正拼命避免完全死亡的前途。"①

母亲对他严重的病情并没有惊慌，仿佛患病的这个人和她并没有多大关系，或者是她根本没有能力去管什么，所以只能是沉默以对。外祖母倒是慌了神，这个病在当年称为"肺痨"，没有特效药，属于富贵病，依靠调养，要吃好、休息好。而且，就算保护得当，病人也不会长寿。老太太梳理了一下家里的所有亲戚，能够给加缪提供适当治疗条件的，只有加缪那个在阿尔及尔开肉店的阿库姨夫了。

阿库姨夫的肉店在阿尔及尔很有名，专门经营高质量的进口牛肉。家境优渥，为人也很开明。姨夫一家将病中的加缪接过来一起住，精心照顾他，就像对待自己的孩子一样。加缪终于可以在一个稳定、安静的好环境下养病了。

加缪对待自己的病痛，一直是讳莫如深。一旦犯病，他只会说是"感冒"，严重时候，就说是"重感冒"。他口中从来没有说出"肺结核"这个词。这个沐浴着地中海阳光的男人，浑身充满活力，却没能有一个强健的体魄，让他觉得不能面对。这个顽疾跟随了他一生，从来没有完全地康复。这跟当时的医疗技术有关，也跟他一直过于疲劳有关。

他试过很多种治疗的方法，物理的、化学的，甚至是医生们突发奇

①柳鸣九主编：《加缪全集》，散文卷 I，53 页，上海，上海译文出版社，2010。

想的疗法，他任凭肺科医生的摆布。一次次地满怀着希望，但病情的反复却让他一次次地失望，一直到链霉素的使用，才让他的病情得到了有效的控制。

加缪对生充满眷恋。在《婚礼集》中，他写道："我想将清醒保持到底，并以全部的妒羡和厌恶来正视生命的结束。我之所以害怕死亡，是因为要告别人世，是因为我留恋生者的命运，而不是要静观永恒的天空。"①

他在疾病中不断地经历着人生的起伏，每当病情严重时，他忧郁不安，病痛的折磨和对未来的失望让他感到十分沮丧。尽管他付出了所有的努力，但他的对抗还是瓦解了。忧郁的水像波浪一样从他身上流过，稀释了他的精力，曾使他的精神完全崩溃，甚至有想自杀的冲动。而每次经过治疗，身体好转时，他又元气满满地来蔑视这个"对手"。他曾经记下当时的那些感受：全身心地投入激情之中，其余都不管了。那激情让他身上洋溢着青春，如何能谈论死亡。如果必须谈，那么不妨去找到准确的词语，那就是在恐怖和沉默之间确定无疑地意识到一种不怀希望的死亡。加缪游移于对生的强烈渴望和死亡的诱惑之间。

他花很多时间阅读济慈、曼斯菲尔德、陀思妥耶夫斯基、卡夫卡的书。这些作家都是肺结核病患者，他是要从历史上这些与他有着同样病痛的人物那里找到某种认同感。在实际生活中，他的许多朋友也是肺结核患者。这其中包括他最好的朋友、和他一同在车祸中丧生的米歇尔·伽利马。他对别人闭口不提的肺结核病，只有在和同样患病的好朋

①柳鸣九主编：《加缪全集》，散文卷 I，54，上海，上海译文出版社，2010。

友那里才拿出来打趣。他们"同病相怜",他们的友谊持续到生命的结束,没有什么比共同排遣一场威胁生命的疾病所带来的焦虑更能使人紧密地团结在一起了。

肺结核是加缪终生的梦魇,因为这个病,他没有资格参加法国教师职业资格证的考试;因为这个病,他不能像正常人那样应征入伍;因为这个病,断送了他极其热爱的足球运动生涯;因为这个病,这个风流的"唐璜"不能和他喜欢的女人们好好地相处。肺结核是他的痛苦之源,他渴望过正常人的生活,渴望获得健康。

肺结核让他惧怕,却也成就了他,病痛一次次激励了他,这个疾病,让他有时日不多的紧迫感,因而丝毫不敢松懈地创作着他的作品,使得他在年纪轻轻时就登顶世界文学的高峰。人们发现,加缪的几部代表作,如《鼠疫》《反抗者》,都是挣扎在病痛之际,用顽强的生命去完成的。以致人们差一点就相信,肺结核病能够刺激个性发展,催生天才。

2. 他的"S"

也许是源于法国人风流的天性，加缪对女性很早就有了感觉。还是在高中暑假期间打工的时候，他弯腰帮忙收拾掉到地上的大头钉时，中年女店员裙下岔开的那双腿曾让他心里悸动了好半天。随着年龄的增长，加缪的情感越发成熟，他很好地隐藏了他的疾病，出落成一个英俊、帅气的小伙子。这也让他越发掩饰对异性的敏感。他对女人不过分地套近乎，不远不近地施展着他的魅力。甚至导致有几个女孩讨厌加缪，因为他没有把注意力放在她们身上，不去追求她们或者拒绝了她们的主动示爱。不过他的矜持，在遇到西蒙娜·伊埃时，完全溃败了。

在一次大学同学的小范围聚会时，他们第一次见到。西蒙娜的身份是聚会组织者马克斯－波尔·富歇的未婚妻。她长得非常漂亮，五官精致，脸上的雀斑是完美的点缀，紧身连衣裙很好地衬托了丰腴又修长的身材。化着浓妆，行事却又完全孩子气，大家都以"S"来代指她。这一切将加缪完全迷倒了。尽管加缪后来了解到，西蒙娜是一个行为并不检点的女人，从来不拒绝男人们的示好，同时周旋在几个爱慕者之中。就连她的继父也认为她无可救药了，并将责任怪罪在西蒙娜母亲的身上。也确实，她母亲当初为了减轻她来月经时的疼痛而给她打过一针吗啡，西蒙娜从此便沉迷于吗啡带来的快感中，整个人如同浮在云端，自认为找到了梦幻中的天堂。自那以后，她就通过各种手段购买麻醉品，包括和医生之间暧昧不清。

加缪被所谓的爱情冲昏了头脑，他体内升腾出了崇高的男子气概，义无反顾地承担起拯救这个迷茫的小仙女的责任。他挖了同学的墙脚，在富歇短暂的离开期间，加缪和西蒙娜已经形影不离了。

加缪为了他所爱的西蒙娜付出了很多，首先是和富歇的友谊已经不能维持了，尽管富歇并没有为西蒙娜的离去而感伤，但毕竟男人的面子也是富歇要顾及的。再一个，在复杂社会闯荡多年有着丰富阅历的阿库姨夫，非常不喜欢医生家的女儿西蒙娜，他断言这桩看起来门不当户不对的感情里，吃亏的会是加缪，他会因此赔上大好前程。况且在任何年代任何地方，放荡的女子，总是为人们所诟病。在和加缪谈话劝阻无效后，他让加缪搬出了他的家，并且决然断了加缪的经济来源。1933 年 7 月 27 日，加缪在他的笔记里记录了从阿库姨夫家搬了出来，回到哥哥狭小的家里暂时安顿了下来。哥哥吕西安·让·艾蒂安这个时候已经从事一份会计的工作，收入还算可以，但是还要赡养母亲，另外自己也正准备成家。虽然他不理解弟弟为什么在大好年华里，要深深地陷入这样一份感情，但是他无条件地爱着自己的弟弟，接受了他。

大学预科班里优雅知性的帅小伙加缪，转眼因为所有人不看好的一段爱情陷入了窘境。他不得不求助于他大学期间最好的朋友克洛德·德·费雷曼维尔，费雷曼维尔这时已经转学去了法国。加缪希望这个神通广大的朋友可以给他物色一个合适的工作，最好是报纸的专栏作家，因为加缪早期已经在《周末》《阿尔及尔大学报》《自由新闻》等杂志报纸上陆续刊登过不少的文章，有了一定的写作经验。等到费雷曼维尔帮他找到一份通讯社的工作时，沉湎在混乱爱情里的加缪，已经没有心思来好好地写作了。

他曾沮丧地告诉他的朋友，因为生病没有更多时间，本来给自己定了四年创作一部自己想要写的作品，现在定的计划不能完成了。其实，不仅是因为生病而不能坚持写作，很多时间也被这狂热的恋爱占去了。尽管每天都能见到西蒙娜，他还是抑制不住要写信给她，倾诉自己的相思之情。"我们的桌子被那些山茶花压弯，它们让我想起我们曾经憧憬过的春天仅仅类似于令我们恐惧的死亡。"

和毒品热恋的西蒙娜，没有加缪那么细腻。她和加缪在一个班级，是大学里的旁听生。来这里当学生，只是她无聊时用来打发时间的做法。每当她化着深蓝色的眼影，披着灰蓝色的狐皮长披肩，踩着细高跟鞋在校园里顾盼生辉时，男人们都投去不怀好意的目光。加缪为此和西蒙娜闹过别扭。爱情很甜蜜，可他们在一起也不总是和谐，白天西蒙娜无精打采，甚至和加缪说话都提不起精神。她总是会躲到没有人注意的角落，过一会儿，再出现在人们视线里时，她则是神采飞扬、精力旺盛。加缪亲眼见过她对自己注射毒品，真心地疼惜她。为此他详细地制订了戒毒计划，希望能帮助西蒙娜摆脱毒品，可是西蒙娜已经到了为了能得到毒品而满口谎话的地步。

他们之间的关系和所有恋爱中的人一样，时好时坏，加缪与西蒙娜在一起的确能感受到爱情的欢乐，还有艺术和阳光的气息。但是他们的爱情却明明白白地出了问题，这件事本身就很难令人满意。加缪寄希望于时间，希望西蒙娜能真正地感受到他的爱。

尽管加缪把格勒尼耶老师当作了他生命中最值得信赖的人，他也没有把和西蒙娜的事情告诉老师。老师却发觉了加缪的异样，似乎他那个把写作当作生活全部的学生，被某种情绪左右了，对写作的事情没有以前雄心勃勃了。

没有人看好这对年轻人的爱情，除了西蒙娜的母亲、眼科医生索格勒夫人。加缪对西蒙娜的深情，她看在眼里。认为把女儿托付给他，是很让人放心的。再说，她已经完全管束不了她这个宝贝女儿了，不如放手给爱她的人去照顾吧。加缪去征求自己母亲的意见时，母亲一如既往地沉默，她安静地做着手上的活计，没有更多的表情，只是问加缪，想要得到什么样的结婚礼物，加缪希望是一打白袜子。

1934年6月16日，这对年轻人举行了婚礼，加缪时年21岁，西蒙娜19岁。到场的只有为数不多的亲属。阿库姨夫和嘉碧姨妈都到场了，他们到底还是接受了西蒙娜，而且还送了一辆雪铁龙汽车作为他们的结婚礼物。但在婚礼上却发生了一个颇有意味的细节，在宣读结婚誓词时，加缪和西蒙娜两人都没有选择发誓彼此忠诚。如果说西蒙娜被毒品所牵制不可能忠诚，那么加缪不是很爱西蒙娜的吗，为什么也不愿发誓呢？加缪的说法是，已经互相厌倦了，为何还要放弃各自可能的幸福呢？

西蒙娜的母亲对女儿和女婿是非常慷慨的，为他们在城区租了一栋别墅，内部空间很大，加缪终于有了自己的书房。不仅有了稳定的住所，阿库姨夫还每年送一笔钱给他们小夫妻俩，毕竟他们俩都还是学生，经济上没有独立。生活暂时稳定了。沉浸在新婚的甜蜜里，加缪对西蒙娜十分体贴，时刻陪着她，防止她再去注射毒品。在认识西蒙娜后，加缪就一直在创作《贫民区》系列文章，他是要把自己小时候的经历描述出来，题记是献给西蒙娜。他希望他的新婚妻子对他成长的过程有所了解。

不过西蒙娜声称更想看童话故事。所以《贫民区》文章始终只是个初稿状态。加缪又去开始为西蒙娜创作童话故事了。

他写了《梅吕西娜之书》，声称是为了给西蒙娜解闷。他白天绞尽脑汁地编写剧情，晚上便读给西蒙娜听，哄她睡觉。其实加缪的风格是从平实的生活中提炼情节，写这样的童话故事则需要有很强的虚构能力，这种体裁他完全不擅长，也找不到恰当的语气，稍不恰当往往就显得很肉麻。他深情款款地为西蒙娜读着："既然咱们都这么想，那就这么定了。我会抓住妹妹的小手，让你坐在我的身边。"结果西蒙娜已经响起了轻微的鼾声。

吸毒的人对毒品的依赖性是很难脱离的，西蒙娜一直没有戒除毒瘾，她无所事事，整天往返于自己的家里、母亲的家里和诊所之间。加缪对她也失望了。他起先的良好愿景是把西蒙娜从混乱的生活中解脱出来，结果他失败了，他渐渐对他一心想要营造的二人世界感到厌倦。

意欲脱离感情困扰的加缪，又重新投入到学校的生活中。作为成绩比较好的学生，他负责帮扶几位跟不上节奏的同学。他们有时候补课的地点是在加缪和西蒙娜的家里，正当大家谈兴正浓，西蒙娜会忽然为一些生活的琐事大声地指责加缪，对此他只能报以她讥讽的微笑和挖苦的沉默。他慎重地对女孩子们说："别结婚，小姐们。"加缪从来不谈他的婚姻，也没有戴结婚戒指。实际上加缪原本是强烈谴责违反自然的婚姻制度，鄙视戒指这一束缚人的可悲的婚姻象征物。

1936 年 7 月，加缪一位教英语的朋友伊夫·布尔儒瓦，建议做一次短暂的旅行。加缪也想趁此机会将西蒙娜从提供毒品的人手里摆脱出来。他们旅行的路线是从阿尔及尔去法国，然后再去奥地利。而加缪此时肺病又发作了，不能劳累，在陆路上他们三个一道乘车，有水路的话，划艇爱好者伊夫·布尔儒瓦就和西蒙娜划船前进，加缪乘机动船提前到下一站等他们。在陌生的城市，加缪手头拮据，无聊地等待着布尔儒瓦和西蒙娜的到来。他在《灵魂中的死亡》里写出了他的孤独，"于是我深切怀念起地中海畔自己的城市，怀念我所喜爱的夏日傍晚：在绿色光线下气候温和宜人，到处都是年轻漂亮的姑娘。许多天以来，我一言未发，但心中却压抑着愤怒，几乎大声叫喊出来。如果有人向我敞开怀抱，我会像孩童般号啕大哭。下午将尽时分，我精疲力竭，盯住房门门闩，脑中空荡荡的，反复回味手风琴的民间曲调。此刻，我再也想不下去了。没有祖国，没有城市，没有房间，也没了姓名。疯狂或得意，屈辱或兴奋……谁知道我将如何终了？"[1]在煎熬中，他等到了他们俩，"有人敲门，朋友们走进来。我虽然失望，却好像得救了。但我想独白也就到此为止。我在他们心目中仍然是彼此分手时的样子。"[2]加缪这番话是有所指的。加缪在等着他们到来的时候，他在邮局看到了阿尔及尔一个医生寄给西蒙娜的一封信，百般无聊的他拆开了信，结果让他疯狂了。那个医生是西蒙娜的情人，并且向她提供了毒品。加缪立刻联想到，"S"几乎是阿尔及尔每一个诊所的常客……没有什么比背叛更让加缪绝望的了。他对西蒙娜付出了全部的真诚和忠心，结果却让他如此不堪。

7月26日，刚到萨尔兹堡两个小时，他就在给他好朋友的信中，愤怒地声称遭受了生平最痛苦的一次打击。他断定他的生活因此而彻底改变了。他告诉朋友：一回到阿尔及利亚，他就会彻底地一个人生活。

---

[1]柳鸣九主编：《加缪全集》，散文卷Ⅰ，31页，上海，上海译文出版社，2010。

[2]柳鸣九主编：《加缪全集》，散文卷Ⅰ，31页，上海，上海译文出版社，2010。

他和西蒙娜爆发了一次狂怒的争吵，而西蒙娜没等他发泄完，便带着精神"必备品"离开了房间。当她神采奕奕再回到旅馆时，看见加缪正在系鞋带，一只脚踏在凳子上，面对西蒙娜的询问，加缪冷漠地回答说："离开。"在《反与正》里，作家为这段感情做了明示，"但当你原路折回时，走过一座孤坟，旁边竖着'遗恨千年'的纪念碑。"①

1936年9月9日，旅行回来后，这对小夫妻真的分手了，加缪住回了哥哥家里，西蒙娜则住到了母亲家里。

西蒙娜的母亲索格勒夫人对加缪很是歉疚，尽管加缪和西蒙娜已经分开了，索格勒夫人还是惦记着加缪的好。在以后的很多年里，她还是常常给加缪写信，加缪有时候从她那里得知西蒙娜一些情况。他的"S"一路往深渊滑下去，无可救药。

其实加缪对这段令他痛苦不堪的感情是一直有着清醒的认识的。多年后，他在回复索格勒夫人的信中就说到过，在他们结婚初期，出于一种与年龄完全不相称的直觉，他就明白了他们婚姻的处境是没有出路的。这就是为什么他断然作出了分手的决定，这样强烈的痛苦让加缪永远不想再提起那段婚姻。他已经完全对西蒙娜死心，对于索格勒夫人提出帮助西蒙娜的请求，加缪断然表示，自己和17年前一样无能为力。

加缪懂得了什么叫背叛、失败和分道扬镳。他强忍伤心，为自己的痛苦寻找开脱之辞，他思考后得出结论：人一生中有过一次真正的爱情、一次痛苦的激情，这毕竟还是件好事情。加缪真的被西蒙娜伤透了。他所有的作品里从没有提到过她的第一任妻子。只在《幸福的死亡》中，

①柳鸣九主编：《加缪全集》，散文卷I，34页，上海，上海译文出版社，2010。

他改写了这段经历。尽管没有提及任何女人和时间，但是他描述了不可辩驳的事实，背叛的细节如出一辙。

这段婚姻对加缪以后的感情经历是个里程碑式的转折点。他本来就排斥婚姻制度，听到教堂里传出的婚礼乐曲，他会说"可怜的人啊"。他在《堕落》里借克拉芒斯之口说出了他对婚姻的看法："某些婚姻是'体制化'的纵欲，渐渐变成勇气和创新的坟墓。"①这以后他做得更加谨慎，周旋在众多的女友中，但是从来没有对谁负过责任，他的所有痴心都已经错付了。

①柳鸣九主编：《加缪全集》，小说卷，334页，上海，上海译文出版社，2010。

3. 到底谁更痛苦

摆脱了第一次婚姻的噩梦，加缪又恢复了旺盛的活动能力。

人们又看见他和格勒尼耶老师在露天咖啡馆里讨论着文学艺术。格勒尼耶谈论的地中海文化深深吸引着加缪，他们的谈话容不下任何人的打扰，若是有人触犯了这一禁忌，加缪就会毫不客气地表示恼怒。而且他又开始了文学创作。他随手所记的日记里，内容更丰富了，他将脑海里忽然泛起的绝妙的想法，及时用笔记录了下来，为以后的作品做好了素材积累。在一批进步同学比如费雷曼维尔的带动下，他参与政治，积极投入到青年知识分子创办刊物的工作中。他又开始交朋友，参加一群画家朋友的展览，并为之写一些评论文章。

随着社交活动的不断拓展，住在哥哥家里显然已经不太合适了。他一直尝试找到一个合乎他要求的房子，那就是既要安静、环境好，又不能太贵，因为他目前的身份还是贫穷的大学生，只是偶尔做一些兼职赚点微薄的收入。

在他认识的一群朋友当中，关系最好的女朋友是玛格丽特和让娜，他们之间是淳朴实在的友谊，很谈得来。加缪有时候会和她们一起分享自己的快乐和痛苦，甚至是很私密的事，比如第一段婚姻的不如意。他们三人一道找到一处好地方，合租了一座房子，这房子完全符合加缪的要求，他们称之为"世界之屋"。

在加缪的小说《幸福的死亡》里，他用近乎写实的手法描述这个被大家叫作"翡虚院"的合租屋，那确实是个很美的地方。那个被当地人们称之为"三个大学生之家"的地方，要经过一条很难走的路才能上去，并穿越一片很长的橄榄林。到达的时候已经汗流浃背、气喘吁吁。推开一道蓝色小栅栏，避开那些扎人的九重葛枝条，还得再爬一道陡得像梯子的台阶。当歇息在蓝色阴影的掩映中，干渴的感觉立即缓解了许多。世界之屋，居高临下，位置绝佳，完全面朝风景，就像熙熙攘攘的红尘世界之上高悬于明媚天空中的一个吊篮。在这里，大海、城市和远处的树林一览无余。来到这里所有的人没有谁会因为陡峭的山路和疲劳而抱怨，每天你都会得到新的喜悦。

翡虚院的氛围温馨和睦，文艺气息很浓厚，很多伙伴和志趣相投的新朋友被吸引来。1937 年夏末的一天，翡虚院来了一位叫弗朗西娜·弗尔的姑娘。她美丽端庄，典雅脱俗，在一群嬉闹的女孩子中，安静得如同一朵清新的莲花。她可不仅仅是漂亮这么简单，她在巴黎的大学里攻读数学，而且弹得一手好钢琴。加缪立刻就被她吸引了，这种吸引有别于同其他姑娘那种逢场作戏，他是很认真的。这姑娘在加缪看来，就是完美的化身。加缪也卖弄起了他的无敌的魅力。他朗诵了他为翡虚院写的诗——

我有一幢房子，

世界在那里停止转动，

友谊在那里诞生、闪烁，

我渴望真诚，

这就是自由真正的定义。

他清澈的蓝色眼睛透露出真诚的光芒，看着弗朗西娜。弗朗西娜则被加缪低沉的嗓音和专注的神情深深地吸引了。

一见钟情后，加缪不断地给住在奥兰的弗朗西娜写信。用他自己的话说，他喜欢这个既富有激情又含蓄谨慎的姑娘，他想和她谈场严肃的恋爱。他给弗朗西娜的信件里，表达了对这个聪明好学的姑娘的一种鼓励，热情而不失礼貌。谈的也是人生的理想，他还告诉她自己的近况，生活中的得意或者失意，从来不需要隐瞒什么。他准确地把握住了弗朗西娜的喜好。

随着他们感情的深入，加缪似乎从第一次的婚姻阴影里走了出来。弗朗西娜气质优雅，是位稳重、温和的女人，她的美好，能满足男人所有的虚荣心，加缪选择了这份爱情，果断地烧毁了以前和所有女人调情的信件，和过去做了一个了断。

弗朗西娜生活在一个单亲家庭，家里姐妹三人，父亲曾经是一位工程承包商，和加缪的父亲一样，也是在马恩河战役中牺牲，这让两人拉近了彼此间的距离。弗朗西娜的母亲是位很有能力的女人，一手撑起了家庭的重担，并且让孩子都生活得不错。有一次，弗朗西娜拿着加缪的照片，告诉家人，她要和这个人结婚。母亲和姐姐们了解到加缪的一些基本情况后，坚决不同意这门婚事，并且开玩笑说，长着一对招风耳的加缪是一只猴子，而弗朗西娜则一脸幸福地说道，他是最像人类的猴子。

比弗朗西娜年长一岁的加缪和她在一起时，表现得像家长般既严厉又慈爱。也许是源于缺失的父爱，弗朗西娜对加缪的爱执着又严肃。这让原本打算充分享受情感自由的加缪受到了约束，他渴望永无止境自由地去爱。但最终加缪还是臣服在弗朗西娜的裙下。他向所有的朋友谈起弗朗西娜，那神情幸福又安详。在一个浪漫的秋日，加缪邀请了一些朋友作见证，举行了一次庄重的求婚仪式。向被他称之为"诚实的心"的弗朗西娜正式求婚，这个举动也很好地赢得了弗朗西娜家人的好感。

家人没能拗得过看起来柔弱且没有主见的弗朗西娜，1940 年 12 月 3 日，经过三年的恋爱，弗朗西娜前去巴黎和加缪完婚。此时，加缪正在《巴黎晚报》做着编辑，在晚报同人的祝福下，好朋友彼亚做了证婚人，他们两人去市政厅领取了结婚文件。这个抗拒婚姻的男人，终于走进了婚姻的牢笼。这段婚姻一直持续到加缪生命结束。

弗朗西娜是位无可挑剔的好妻子，忠诚、有责任心，一直是加缪坚定的支持者。加缪的朋友们都能看出弗朗西娜对加缪的爱是多么深沉，可是加缪并不报以同样的对待。他对弗朗西娜也非常好。不过，那只是温暖朴实的兄妹之情，而不是风流才子的爱情。

尽管家庭这份稳定的亲情，是加缪不可能放弃的坚固的城堡，但是这绝对挡不住加缪在外面拈花惹草。他曾把婚姻与友情进行了对比，得出的结论是，婚姻带来的是枷锁，友情带来的是自由。弗朗西娜的存在，甚至是加缪在想逃离某段感情之时的好借口。尽管这些不忠的情事加缪做得很隐蔽，全力照顾到弗朗西娜的情绪，可是，女人是敏感的，怎么会不知道他的行径呢？

加缪和他的妻子弗朗西娜，以及弗朗西娜的母亲、两位姐姐住在一起。这让加缪很别扭，丈母娘一家总是掺和在他们的生活中，更让事态复杂了起来。加缪恼火，"我不是有一位岳母，而是有三位。"但是没办法，弗朗西娜长期有轻度抑郁，她母亲和姐姐们都想照顾好她。加缪被这样一家人团团围困，感觉很压抑。他向朋友抱怨说，总觉得好像是在大海上，身处巨大的幸福中心，却又感觉受到威胁。他觉得在家里无法安静，这是折磨人的地方。弗朗西娜弹得一手好钢琴，朋友很羡慕他有这样一位出色的音乐家妻子，加缪却说，如果你每天都要听上 6 个小时的巴赫，你就不会这样说了。

1945 年 9 月 5 日，弗朗西娜·加缪生了一对龙凤胎卡特琳娜和让。

在这场婚姻里，弗朗西娜爱得极其痛苦。弗朗西娜满怀深情地沉湎于家庭这个小世界。而丈夫却表现出对家庭生活的厌烦，他曾说过，在婚姻哲学中，关于妻子的章节应该题为《绊脚石》，而关于孩子的则应该是《小绊脚石》。朋友们都看得出他们夫妻关系紧张。就连一贯不注意生活细节的格勒尼耶老师也感觉到，弗朗西娜过得很不快乐。加缪虽然对妻子彬彬有礼，但却经常以冷暴力来对待她，在一起时爱冷嘲热讽，说话尖酸刻薄，不然就消失一段时间，带上女友去做个短期旅游。

弗朗西娜眼见加缪一次次的私情，也翻看过女人们写给丈夫的情意缠绵的信件，这些都让她痛苦不堪。加缪的不忠像一把刀，扎伤了弗朗西娜的心。但她从不大吵大闹，她隐忍着，以致她一直郁郁寡欢。1953年年底，弗朗西娜终于爆发了抑郁症，甚至导致了一次跳楼自杀事件。加缪得知这个情况，立刻赶到了弗朗西娜的身边。

丈母娘一家责怪加缪。弗朗西娜最近的精神状况一直不好，本来以为会慢慢稳定，可女儿的一场突发猩红热，导致了弗朗西娜的歇斯底里，病情突然就恶化了。她在无人看护时，从二楼窗台直接跳了下去。所幸没有生命危险，摔坏了骨盆，需要在床上休养一段时间。

加缪对家庭不负责任，对妻子缺乏关心，这一次，让加缪很愧疚。受到惊吓的加缪也不知道如何是好，他发了一封电报给格勒尼耶老师，自责自己的过失带给了弗朗西娜如此深的痛苦。他安分地整日守在弗朗西娜的病床旁，终于把自己的心完全放到了被精神病痛折磨着的弗朗西娜的身上。他感到十分内疚和后悔。他后来创作的《堕落》，把妻子的自杀很隐晦地写到了书里。弗朗西娜和熟悉他们的朋友都明白，那个从艺术桥上投入塞纳河的年轻女人，是带有象征意味的，正是1953年在奥兰和巴黎的患了严重抑郁症的弗朗西娜。《堕落》出版后，弗朗西娜曾和加缪打趣说，这个是你对我的忏悔，是你欠我的。

在加缪的作品《鼠疫》里，里厄大夫对即将离开疫区的妻子说："你回家时，一切都会好些。我们要从头开始。"她的眼睛闪着光，说道："是的，我们要从头开始。"[1]可是当弗朗西娜的抑郁症康复以后，加缪依旧回到以前的生活习惯，到处播情。弗朗西娜终于学会了睁一只眼闭一只眼，一心一意地做起了龙凤胎的好母亲。

即便如此，在加缪的生活中，弗朗西娜却是他的主心骨。1942年7月，加缪肺结核病严重，不得不去偏远的地方疗养，弗朗西娜整整陪伴了他一个月。后来弗朗西娜因为工作离开他后，孤独的加缪很想念妻子。他决定等身体调养得差不多的时候，就回到阿尔及尔，和妻子一起在那里定居下来。他对弗朗西娜的爱和依赖，不自觉地就会在他的作品中表达出来。在一次养病回来和妻子重逢时，他伸开胳膊搂住了她，闻着她头发散发出的熟悉的味道，这时他禁不住热泪直淌，他不知道此时此刻的泪水是别后重逢的幸福之泪，还是长期以来一直压抑着的痛苦之泪，不过那一刻他至少感到这些泪水模糊了他的视线。这个情节，被他

---

[1]柳鸣九主编：《加缪全集》，小说卷，82页，上海，上海译文出版社，2010。

移植到《鼠疫》中里厄医生和妻子重逢的情景里。加缪信任妻子弗朗西娜，遇到任何一件事情，他都会告诉她，并倾听她的分析。妻子是自己作品的第一批读者，他希望听到她的某个建议。一些私事的打理更是一直都倚仗着弗朗西娜，他给予弗朗西娜全部的信任。

加缪对弗朗西娜是有情义的，在他人生最辉煌的时候，他邀请弗朗西娜一道分享。因为他想到弗朗西娜经历过许多艰辛，应该让她分享荣誉和快乐。加缪对弗朗西娜的情感很复杂，虽然他难以收束自己那颗多情的心，最终还是特别强调，我始终爱着她，尽管是以一种拙劣的方式。

第四章

世界

与世界不分离。
把生命置于阳光之中，
一生中就不会一事无成。
不管处在何种境地，
遇到何种不幸与失望，
我的所有努力便是重新去寻找接触。

——《手记之一》

1. 不合格的法共党员

加缪虽然很不喜欢外祖母,但是他的很多思想和行为都直接受到外祖母的影响。他从小对宗教就没有信仰,起初他也仅仅想着要理解自己生活的这个世界,为什么加诸给他的苦难格外多?成年后,他尽管十分关心人类的生存,但对信仰、对政治的立场却并不怎么感兴趣。

1934 年,世界局势动荡不安,德国和苏联形成两股力量。法国政府内部的右派和左派的分歧越来越严重,警察和示威者爆发了严重的冲突,甚至发生了小规模的暴乱。阿尔及尔共产党印制的传单会悄悄地突然出现在阿尔及尔的闹市区,传单上是煽动性的反法西斯、反帝国主义、反殖民主义宣传,《共产党与共青团致阿尔及尔的阿拉伯和卡比尔人民书》鼓动人民:"法帝国主义为了继续奴役我们,把我们寻求解放的一切努力都扼杀在血泊中,让我们充当炮灰为其利益服务……"事态愈演愈烈。

上层的对峙如此明显,社会上的有识之士立刻担忧了起来。尤其是年轻学生们,加缪的同学、在巴黎的费雷曼维尔立即加入了法国共产党。并且动员朋友加缪也立刻加入共产党。1934 年的加缪,正沉浸在满桌山茶花的浓情蜜意中,不仅感情被他的"S"全部占去,心灵也被文学占据了,比起激烈的派别斗争,他更愿意选择一种日久天长的安宁生活。加缪给费雷曼维尔的回信中,表明了自己的态度,他认为加入党派就是对自己的强迫就范，就是对自己身上的其他方面视而不见。

局势越是动荡，文化则越是活跃。一时之间，法国的青年知识分子小团体都热衷于创办自己的刊物。作为激进分子的费雷曼维尔也不例外。他准备在阿尔及尔办一份共产主义刊物，并邀请加缪协助他。作为费雷曼维尔的好朋友，这次加缪没有推辞，担任起了刊物的责任编辑。他不仅帮他的好朋友润色文章，纠正他文章中一些在这种严肃刊物里不适合出现的俚语，而且对刊物提出了具体的要求：作为一份党刊，文章的质量一定要把关，版面一定要规整简洁。为了表示对此事的支持，靠授课和家长资助生活的他，决定拿出自己每月收入的六分之一来赞助这项事业。可惜费雷曼维尔办刊物的计划，没能获得阿尔及尔政府的通过，最终宣告失败。

加缪喜欢小时候和平宁静的阿尔及利亚，反对这种充满了危险与冲突的政治斗争。整个阿尔及尔政治斗争如火如荼，无论加缪愿意不愿意，他所处的圈子，他所接触的事物，使他不可避免地卷入党派中去。共产国际声称是工人阶级的代表，代表了下层的平民，比如洗衣女佣以及箍桶匠等人群的利益，让人们都平等。这一点倒是得到了普通民众的心，也让加缪对它抱有一丝好感。他与格勒尼耶老师谈起法共，谈起朋友动员他入党的事。遇到这种人生的选择，加缪总是会征求格勒尼耶的意见。这个信奉印度教那种超然于世外的老师，对于学生的这个困惑做了肯定的解答：一个人既然研究哲学，那就必须关心政治，哪怕以后抽身而退。加缪听从了老师的话，1935 年 8 月，加缪递交了入党申请，并告诉积极鼓动他加入共产党的费雷曼维尔，那些让他认为共产主义将会面对的问题，最好是亲身去经历。

　　成为一名共产党员的加缪，对党组织的活动没有像费雷曼维尔那么热心，他不会积极地找些事情去做。党组织也并不信任这样态度不明确的知识分子，但是他们会利用这些人为组织做事。加缪和党小组成员们每半月聚会一次，并成立了一个社会研究小组，一个文化之家。文化之家涵盖了阿尔及尔一大批与公众生活密切关联的机构，包括劳工剧团、劳动影院、医疗单位以及一些文化团体和自发性的文艺组织，喊出的口号是，"让阿尔及尔成为地中海世界里当之无愧和义不容辞的文化之都"。这让加缪感兴趣。加缪担任着这个文化之家的秘书长一职，负责一些具体的事务。初衷并不愿意让别人知道他政治倾向的加缪，因多次组织和参加演讲，已经被列入阿尔及尔警察局的黑名单。

　　加缪有一个比较清醒的认识，他对任何思想不迷信，并不完全认同法国当时那些人的狂热的主义和思想。虽然他没有公开地在党内表明他的想法，不过他私下里和费雷曼维尔透露过，这种富有激情的生活对我们每个人都具有诱惑，但是在其深处、最深处，除了荒诞还是荒诞。加缪提醒他的好朋友不要为激情蒙蔽双眼，在眼下的法国社会主义者的信念中，加缪看到更多的是一种冒险和赌博，而不是对实现世界大同的一种确信。尽管加缪对共产主义持有个人的见解，但表示如果这个团体能给他带来实现他自己理想的机会，他还是乐于为此做一些事情的。

　　加缪在 1935 年年底，就开始着手对 1936 年一年的工作做计划：1. 党务：编报纸、马克思主义学校的事务、演讲；2. 可能会创办一个无产者剧团；3. 自己想写的一些随笔……他把自己的工作任务排得很紧，虽然也担心不能完成，可他想给自己增加一些压力。第一次糟糕的婚姻浪费了他太多的时间，他现在想充实地度过自己的青春。他是个执行力很强的人，不仅计划订得条理清晰，也能立刻按照这个步骤进行下去。他这个时候还没有意识到，这些机会为他提供了编报、组建剧团、创作剧本的实践活动，竟然成为他以后生命中最重要的内容。

人们向往着共产主义国家的优质生活，没有阶级、没有剥削的平等社会，相信所做的就是为了实现这一伟大理想而奋斗。而此时，法国共产党内部却出现了分歧。一些阿尔及利亚共产党成立了民族解放阵线，提倡反殖民主义，呼吁占阿尔及利亚人口大半的"土著"团结起来，支持社会主义，争取民族独立。这种提法遭到了巴黎法国共产党的严重打击，因为这直接伤害了宗主国的利益。总部迅速对阿尔及尔的共产党组织领导层做了调整。这一系列变化，打击了一些共产党员特别是年轻党员的积极性。

而更让年轻的共产党员不知所措的，是一位颇具影响力的法国左翼作家纪德，新近发表的文章。继罗曼·罗兰访苏归来未公开发表言论引起外界种种揣测之后，1936年7月，安德烈·纪德再次受邀访问苏联，真实情况震惊了这位曾经是"苏联之友"的作家，回来后他先是沉默不语，11月，忽然发表了他的《从苏联归来》，第二年6月再接再厉，发表了一本更让法国共产党震惊的《从苏联归来修改稿》。他在书中揭露了苏联刻意粉饰、精心打造了一处社会主义天堂的村庄，展示给前来参观的外国人，让人们相信苏联人民过着富足的生活。纪德多次设法突破苏联朋友所设的防线，终于看到一个真实的苏联。"每户人家都是同样丑陋的家具，都挂着斯大林的肖像，除此之外一无所有……"出于知识分子的良知，纪德觉得无法保持沉默，不应该说假话，所以就如实讲了他在苏联的所见所闻。他的文章揭露了苏联的可怕现实：钳制思想、迫害作家、剥夺人民的权利。这两本书一经发行，舆论一片哗然，人们心中社会主义苏联的巍峨形象轰然倒塌。

进步人士夏尔·蓬塞和加缪也对纪德所描述的苏联现状感到困惑。蓬塞建议应该就《从苏联归来》开一次研讨会，让大家来谈谈看法，加缪也同意这个建议。他们把研讨会的计划跟巴黎方面做了汇报，在没有得到巴黎方面明确回复的情况下，蓬塞以文化之家的名义主办了这场研讨会。虽然加缪碍于阿共的身份，没有出席这次研讨会，但阿共为了消除《从苏联归来》带来的恶劣影响，已经将纪德作为阿尔及尔共产党所要防范的危险人物，加缪领导的文化之家对他的作品开展研讨会行为，无疑让阿共的领导们对加缪心生不快。

阿尔及利亚的政坛出现动荡。1937年成立的阿尔及利亚人民党，不断强大起来，他们有着广泛的群众基础，代表了广大的民意，经常领导工人进行罢工，被阿尔及利亚共产党视作托洛茨基分子，暗地排挤并使用手段迫害人民党成员。此举遭到了加缪等人的反对。在贝尔古支部一次内部的会议上，组织者们分析加缪的思想行为越来越偏离一个合格的阿共党员了，党的书记乌兹加纳正式告诫加缪，他正在滑向错误的政治方向。书记的告诫并没有让加缪住嘴，在一次公开的党支部会议上，加缪强调两个党派意见不合可以理解，但是把人民党成员当作托洛茨基分子，这就太离谱了。加缪的观点得到了一些诸如费雷曼维尔等党员的认同。这让支部领导们非常恼火，综合加缪在党内的所作所为，开除加缪的党籍是势在必行了。

那段时间，有许多人主动退党。但加缪不肯这么做，他不认为自己做的事情违背了共产党路线，决定让党开除自己。不久后，贝尔古党支部在一份送交巴黎党总支的工作汇报中提到，他们对几个进行挑唆破坏的托洛茨基分子进行了必要的清洗，其中包括文化之家的前负责人加缪。

1937 年加缪失去了他的组织，不过，他并没有意志消沉，本来他的全部心思就在文学艺术上，而非政治运动中。就在被开除党籍的几个月前，加缪拿到了他出版的第一本书《反与正》。

关于这段个人经历，加缪记录在 1937 年 8 月一则笔记里，他回顾分析过，对于所谓的政治，加缪认为，政治和人类的命运被那些没有理想和没有崇高境界的人所左右，有着崇高境界的人们是不会参加政治的。加缪对政客们很失望，对他们蛊惑人心远离民众的宣传保持着距离，政客的虚伪，让他觉得恶心。那些政治家们所做的政治演讲或者当权者写的东西，从中根本听不到人和人性的声音，总是用同样的套话重复着同样的谎言。加缪不屑于那些政客的行径，他们用毕生的大部分经历为所谓的至关重要的利益进行赌博。加缪的思想绕了一个大圈，还是回到了原点——记得费雷曼维尔极力动员他入党时，他就看出了有些人高唱解放工人阶级的高调而实际是谋取自己利益的本性。

尽管他并不属于任何一个政党，但作为一个参加过党派活动的人，还会不由自主地了解世界政治形势的发展变化。他沿袭了马克思的观点，对工人阶级的生存现状关注过。在各个不同时期，也直接参与了多种形式的政治性活动。但他不愿意让某种思想约束自己观察世界的视线。在他后来成为一名著名的新闻工作者后，有人问他参加共产党的这段经历，他对当年的事件报以自嘲的一笑，声称在这里不会有人再关心这个问题了。在他看来，这应该是一个不再值得提起的往事，只要关心人类、关心社会，则无所谓党派了。

2. 野性的新闻记者

人生的每一段经历都不会白过，尽管加缪对他加入法共的经历不屑一顾，但那两年，他在组织策划文化之家的活动中，得到了很多实践的机会，比如编报。

1937 年 11 月，阿尔及尔的让－皮埃尔·弗尔创办了一份《阿尔及尔共和报》，这是一家民营报社。皮埃尔开出了好条件，想挖巴黎《今晚报》编辑部秘书帕斯卡尔·彼亚为社长，在彼亚接受了聘请后，皮埃尔才真正地定下心来。1938 年春天皮埃尔又找到了加缪，希望他来做报纸的编辑，因为加缪是新手，所以报社付给的薪水并不高。加缪对于这个邀请起先还是有点犹豫，他担心报社繁忙的工作会影响到他正在创作的小说。但是为了解决自己当下的生活窘况，加缪还是答应了下来，担任了《阿尔及尔共和报》编辑一职。在报纸筹备阶段，加缪和彼亚渐渐熟悉了起来，这两个人有着相似的经历，性格上互补，彼此很快就产生了好感。

1938 年 10 月 6 日，《阿尔及尔共和报》终于问世了。由于是新办的报纸，还没有拥有稳定的读者群体，报社为了扩大发行量，必须开动脑筋。彼亚不愧是个有经验的老报人，在报纸编排上想出了许多办法。他极爱在标题上做文章，一个惹人联想的标题，会吸引读者买一份报纸去一探究竟。他也认真考虑版面内容的安排，他深知北非人的阅读习惯，将严肃的政治事件和轻松的社会新闻编排在一个版面。如果光搞一些严肃的政治新闻，就难以取悦广大读者。于是报纸的内容五花八门，加缪经常会写一些感到无奈的诸如狗被碾死之类的新闻。这让他有些失望。好在偶尔会写点文学方面的文章。并且，通过采编新闻，他还是发现了一些珍贵的东西：对事物的自由观察，由于不受约束，使他觉得自己所感受到的一切都是富有活力的。此外，他揶揄地说这个职业还能让他体会到某种低级的满足感，是因为阿尔及尔人在报纸上经常能见到阿尔贝·加缪的名字，他在本地的知名度提高了。

加缪在大学里受过正规的教育，又有较强的写作基础，尤其是在文化之家期间就曾参加过编报的事情，积累了一些工作经验和方法。所以他在报社的一班人中，很快就脱颖而出。经验丰富的彼亚看出，加缪有着优秀的语言感觉和场景表现才能，是难得的有着综合素质的新闻人才。《阿尔及尔共和报》报社对他欣赏有加，彼亚很快让他负责了报社的很多事情。有感于彼亚对他的信任，加缪由起初的无奈入行，发展到积极地投身新闻事业，做得非常认真。他不断地深入社会去采访，掌握到第一手的资料后，报道了一些很有代表性的社会新闻。

1938 年 12 月 1 日，加缪接触到一群即将被流放的阿拉伯苦役犯，经过详细调查，真实地报道了他们在污浊不堪的船舱里所受到的非人的待遇。在报道中，他毫不隐讳地揭露了政府部门对囚犯的虐待，他正色地告诉人们，这里涉及的并不是怜悯问题，没有比虐待人类的行为更加卑鄙的了。这篇报道引起了轰动，加缪成了阿尔及尔的新闻人物，广大的"土著"立刻领情，当天的报纸脱销。通过这次尝试无意得到的效果，让加缪将自己的触角对准了社会新闻，反映社会中的不公平现象。他敏锐地发觉这些现象首先集中在司法部门，于是，他以记者身份深入警察局采写新闻，旁听法庭的审判。他亲自参加了几桩大案审理现场的新闻采写，他撰写的针对案件的报道，代表了广大的民意，并最终影响了审判结果，人们越来越认识加缪—— 一个逻辑缜密、笔锋犀利、敢于仗义执言的记者。加缪本身就是阿尔及利亚人，又经历过短暂的政治生涯，他对阿尔及尔社会状况非常熟悉，所以驾驭社会新闻得心应手，他成了《阿尔及尔共和报》的一块招牌。

　　加缪在参加这些社会活动后，也会把这些过程记录到他的笔记中，为后来的创作提供了不可多得的原始素材。一方面，他的良好文学修养给新闻报道的撰写提供了很大的便捷，但反过来从另一方面说，在一定程度上，新闻事业成就了后来的文学家、哲学家加缪。在加缪的成名小说《局外人》中，他就运用到一次法庭旁听的细节，而他同样也是作为一名记者出现在自己的作品里：法庭上一名记者对被告默尔索说："您知道，我们把您的案子渲染得有点过头了。夏天，这是报纸的淡季，只有您这案子和那桩弑父案有点新闻价值。"[1] 在小说中，他将自己完全地植入了进去，对自己的外形描述是："记者们已经手中握笔，他们的表情都冷漠超然，还带点嘲讽的样子。但是，他们之中有一个特别年轻的，穿一身灰色法兰绒衣服，系着一条蓝色领带，把笔放在自己的面前，眼睛一直盯着我。在他那张有点不匀称的脸上，我只注意到那双清澈明净的眼睛，它专注地审视着我，神情难以捉摸。而我也有一种奇特的感觉，好像是我自己在观察我自己。"[2]《阿尔及尔共和报》的同行们都记得，加

---

[1] 柳鸣九主编：《加缪全集》，小说卷，49 页，上海，上海译文出版社，2010。
[2] 柳鸣九主编：《加缪全集》，小说卷，50 页，上海，上海译文出版社，2010。

缪在报社中，经常穿着的是裁剪得很得体的灰色法兰绒西服。

在《阿尔及尔共和报》里，加缪还负责了一个读者俱乐部。在这个书评专栏里，加缪评论了纪德、马尔罗、萨特等名人的作品，重点在新作品上。让－保罗·萨特当时已经是巴黎家喻户晓的大作家，他的作品风靡一时，为了提起读者们广泛的兴趣，读者俱乐部不会放弃评论萨特的小说的机会。加缪在接触了萨特的新作《恶心》后，深深地被萨特的文采所折服，盛赞萨特是位独树一帜、生机勃勃的作家。但他同时也发现了作品中的不足之处，萨特的小说中，没有将哲理命题形象化，而依然是脱离了普通民众的理解能力；萨特观察出生活中的荒诞，让加缪有幸遇之感，但他没有深入探讨如何面对荒诞，就此停手，让加缪觉得意犹未尽。

正当加缪沉浸在文艺创作和文艺评论中乐此不疲的时候，世界格局再次发生了激烈的震荡。1939年9月初，第二次世界大战爆发了。为了配合这一重大事件，《阿尔及尔共和报》决定在原有8个版面基础上扩版，内容做到有针对性。1939年9月15日，彼亚和加缪又创办《共和晚报》，加缪是这份晚报的主编。这份只有正反两个版面的报纸，专门报道公众希望知道的真相，针对那些"欺骗性的宣传报道"。已经成长为一名专业记者的加缪，投身到战事新闻报道中。新闻行业和政治不可能不发生关系，正直得有些转不过来弯的加缪，依旧沿袭他对苏联的不信任态度。他在《共和晚报》上用了好几个化名，发表了多篇文章，对于苏联和德国一起瓜分了波兰这一事实，大声疾呼"眼下所有迹象都让人相信苏联已经站到了帝国主义国家的阵营"。加缪根本就厌恶残酷的战争，他是一个人道主义者和具有善良愿望的人，他没有忘记他的父亲就是在第一次世界大战中阵亡的。可是他的想法没有得到别人的理解和支持，在那样一个狂热的年代，他所提倡的和平主义，在当年是被视作异类的。他冷眼看着法国人从第一次世界大战的被动宣战方，转为第二次世界大战的主动宣战方。

加缪的反战立场和彼亚的无政府主义不仅导致了他们的孤立，还彻底惹恼了当局。政府对《共和晚报》实施制裁，先是督察报纸内容，后来迫使广告商撤走了该报纸的广告投入。1940 年 1 月 10 日晚，警察局长从报社搜走了 110 件已经捆扎好准备送出去的报纸，另一路人马把已经分发出去准备第二天销售的报纸全部收缴，《阿尔及尔共和报》以夭折告终。

1938 年 10 月至 1940 年 1 月，加缪在《阿尔及尔共和报》及《共和晚报》共发表了 150 多篇文章，除了一些为了取悦大众而写的日常新闻外，他写了好几篇非常有影响的报道，披露了阿尔及尔底层人民的生活状态。在庭审案件的报道中、在萨特等人小说的评论中、在抨击世界战争残酷的文章中，加缪的哲学主张已经形成：揭露荒诞，并为之反抗。新闻记者这个职业使加缪变成了一个具有多种才能的人，而不是封闭在一个窄小的文学专业之内。

《阿尔及尔共和报》被查封后，彼亚回了法国。而加缪又失业了，且处在政府的监视之下。他虽然已经成长为一个专业的大牌记者，但阿尔及尔没有哪个报社敢用他，他也只能靠做一些家教来维持生活。好在这期间，他正在和弗朗西娜热恋，在阿尔及尔和奥兰之间往返着，能缓解一些孤独的情绪。

彼亚回到法国后，做了《巴黎晚报》的编辑，加缪给他写信，告知自己的困境，彼亚将他介绍进了《巴黎晚报》。加缪也来到了法国工作。由于彼亚和加缪在阿尔及尔的特立独行，让法国整个新闻界都有所耳闻，虽然报社老板皮埃尔·拉扎雷夫和埃尔维·米勒给了彼亚和加缪很高的年薪，但是，他们只是看重二人的编报专业技术，并不敢让他们在报纸上发表言论。

这种情形对于加缪显然有些无奈，但转念一想，又是再合适不过了，衣食无忧，时间充裕。他让在阿尔及利亚的弗朗西娜给他寄来创作所需的资料，他全身心地投入到他的小说《局外人》的创作中。加缪感叹时势变化太快，他很珍惜这一段难得安稳的时光，他不再是《阿尔及尔共和报》那个充满激情的新闻人，在目前的局势下，唯一明智和勇敢的态度就是保持沉默。他决定利用这段时间进行思考，以便为未来的创作做准备。对于在阿尔及利亚的记者生涯，他十分怀念，并且心有不甘地说："除了想要做点事情以外，我并没有什么雄心。不过假如我也要渴求'名声'的话那是为了在某些时候将其派上用场，比如说，战争开始那会儿如果我有名声就会大有帮助。"

在《巴黎晚报》的好日子也没有持续很长时间，战争又一次摧毁了加缪的稳定生活。希特勒的进攻越来越猛烈，到了 5 月底，《巴黎晚报》的部分编辑和行政人员后撤。而加缪留了下来，继续维持着报纸的发行。《巴黎晚报》让他留下来待到 8 月 15 日，如果情势再得不到缓解的话，那么留守的加缪就得自谋出路了。1940 年 8 月 5 日，加缪在百无聊赖中，在信中跟弗朗西娜表达了对现在生活的失望，对自己完全没有信心，对未来也没有想法。他预感到自己又将陷入颠沛流离的生活中，并丧气地让弗朗西娜帮他在奥兰找个事情做，不管是到农场干活或是做买卖还是随便什么都行。战事的混乱，让报社的人无法正常工作，发行量的减少，面临的就是裁员。

这时候，寂寞中的加缪，特别需要有人来陪伴。12 月 3 日，他让弗朗西娜来到巴黎，他们在战争的慌乱中简单地举办了结婚仪式。之前，加缪没有忘记与西蒙娜正式办理了离婚手续。1941 年年初，刚结婚不久的加缪，在《巴黎晚报》新一轮的裁员中被解雇了，于是不得不带着新婚妻子弗朗西娜回到了奥兰。

在不到两年的时间里，加缪度过了一段苦涩、幸福、清醒和荒诞的时光，并且形成了一种自己的新闻道德观。

回到奥兰的加缪，在困顿中梳理了这些年他对世界的观察，他一面继续深入揭示世界的荒诞性，一面开始思考对荒诞进行反抗的方式。在加缪成为《战斗报》的主编以前，他已经完成了 5 部作品，包括荒诞三部曲《局外人》《卡里古拉》《西西弗神话》和两部随笔集《反与正》《婚礼集》，现在正在创作《鼠疫》。此时的加缪俨然已经是一个知名作家，不再是 1938 年加入《阿尔及尔共和报》时默默无闻的人了。

1944 年，加缪和彼亚着手创办《战斗报》。《战斗报》如同它的名字一样，充满了顽强的气息，是地下抵抗组织的刊物。这个报纸不听命于任何政党或者财团，出版费用是通过一些个人和组织提供赞助来筹集的。领导者依然是当年《阿尔及尔共和报》的主编阿尔贝·加缪和社长帕斯卡尔·彼亚。他们在创刊之初就拟定了办报宗旨，强调指出新闻绝对要自由，彼亚和加缪至今都还记得阿尔及利亚新闻界曾令他们多么失望。加缪再度投身新闻工作不仅是为了培养思想，也是因为他热爱这一行。

与《阿尔及尔共和报》的青涩以及《巴黎晚报》的平庸不同,《战斗报》所从事的是让人热血沸腾的工作,重要的成员都有化名,甚至加缪和彼亚都有假的身份证明。报纸的内容在里昂撰写,在巴黎编辑,而印刷工厂在法国的分布有 15 个之多。报社成员不仅为报纸的编辑发行做工作,甚至参加一些地下抵抗运动。传递信息、为各个印刷点偷偷送设备等,这些工作具有一定的风险性,但正是因为这种风险性更让人着迷。甚至吸引来了萨特和波伏娃,萨特声称,他愿意为《战斗报》做任何事情。

在《阿尔及尔共和报》期间,加缪反对战争,他的和平主义观点被政府视为危险,也为朋友们所不理解而被疏远。而在 1944 年,加缪彻底明白了,和平主义在现在这个局势下已经是一种奢望。在他身边,彼亚差点被抓,报社的一名工人因为心里很清楚被抓进纳粹集中营是生不如死而在被捕前自杀。更可怕的是,某个村庄遭受德国人的清洗,处决了 80 多名男子。他痛惜着被德国人屠杀的平民,他决心要用实际行动来反对纳粹主义、反对法西斯。他在《战斗报》呼喊出口号:"面对全面的战争,必须进行全面的抵抗。"

这一时期,加缪发表了系列随笔《致一位德国友人的信》,他说:"由于我们为追寻理智而走过的弯路,是由于我们对正义的担忧而造成的迟误,以及由于我们希望对所热爱的一切进行调解的狂热爱好。不过,回首往事,这些是值得的。我已经对您说过,为走过的弯路,我们曾付出了沉重的代价。与其要非正义,我们宁愿承受混乱。但与此同时,正是这弯路使我们今天产生了力量,正是走过的这弯路使我们正在接近胜利

的时刻。"　①

　　《战斗报》在反法西斯战争中发挥的宣传号召作用有目共睹。法国的战争状况终于结束后，对于在战争中始终坚持抵抗运动的《战斗报》，法兰西共和国临时政府主席戴高乐给予了很高的评价，为报社的撰稿人颁发了"抵抗勋章"，并拨款给报社。这让加缪等人觉得所做的努力都是值得的，他们是为法国的自由而战。

　　彼亚和加缪都不喜欢军人参政，因为他们更容易用武力说话。果然，在戴高乐的临时政府成立后，接下来就开始了肃清运动，加缪担心的问题出现了。加缪认为"革命，并不一定等于断头台或机关枪，或者不如说，是在需要的时候才是机关枪。"虽然已经明白和平主义绝对行不通，但他只接受在不可避免的情况下使用暴力。他呼吁："我们希望立即实现一种真正的人民民主。"1945 年盛夏，他曾断言将来在法国，肃清运动不仅肯定会失败，而且还会声誉扫地。"肃清"这个词本身已经相当令人难以忍受了，并且事情正变得令人厌恶。但知识分子在政治上是说不上话的。

　　而更让加缪失望的是法国政府在对待阿尔及利亚民族主义上的政策。在战争期间，阿尔及利亚一些政治团体想在法国混乱时组织暴动，趁机脱离殖民地统治，建立"阿尔及利亚自治共和国"。戴高乐临时政府立刻进行了残酷镇压，借此机会试图消灭民族主义。在阿尔及利亚的无情杀戮，让阿尔及利亚人加缪感到愤怒。虽然获得过戴高乐亲自颁发的"抵抗勋章"，加缪在感受到事态不是按照正常的方向发展的时候，

---

①柳鸣九主编：《加缪全集》，散文卷 II，10 页，上海，上海译文出版社，2010。

他还是站了出来。面对杀戮，他立刻发难，他发表文章强调，如果我们希望拯救北非，我们必须当着全世界的面表明我们的决心，让世界人民通过法国最好的法律和它最公正的人民来认识法兰西。

1945 年，加缪身心俱疲，也为了空出时间来好好地完成《鼠疫》，他跟报社请了好几个月的长假，在暂时离开报社前，他把主编工作交给克洛德·布尔代时，再次强调了《战斗报》的路线："我们不是教条主义者。我们不反对社会主义，不过当我们与共产党人看法不一致时，我们会说出来。"这个声明，的确让法共看了很不舒服。

也许注定有彼亚和加缪参加的报纸都不会长寿，几个月后，当加缪完成了他的又一部长篇小说《鼠疫》回到报社时，报社的发行量已经相当不景气了，这与加缪他们所持的政治立场不无关系。他感觉到报社里弥漫着一种颓废的气息。发行量不善带来的亏损让彼亚焦头烂额，而由于工人罢工带来纸张供应不足更是新闻业致命的打击。曾经十分坚定的彼亚已经对《战斗报》的未来失望了。而加缪虽然经过多方面的努力，但仍旧无法挽回《战斗报》的凋零。彼亚带着怨气悄悄地离开了《战斗报》。

彼亚的离去，不仅带走了加缪最有力的支撑，也终结了他们俩持续 8 年的友谊。在报社这些年，主管报社事务的加缪很风光，他本已是知名作家，而《战斗报》的发行量已经达到了 18 万份，意味着每天有近 20 万的法国人在接受他的影响。但大家都明白，真正把全部身心放在报社的是彼亚。彼亚拒绝从事文学创作，而是献身于新闻事业。在他手下工作、受到过他指导的人都对他的记忆力和博学感到震惊。作为一个完美主义者的职业报人，彼亚连报纸上对文学作品的引用或者体育新闻的评论中出现的错误，都能发现。他固执认真的个性让他很累，每个细节他都会盯着，审稿、排版、校对，每天凌晨才睡觉。他以报社为家，他把咖啡壶和软底拖鞋也带到了办公室，那是他生活必须要用的物品。连这样执着于新闻事业的人都带着遗憾离开了，可见当时的新闻环境有多糟糕。《战斗报》走上了穷途末路。

1947 年年初，国际国内政治局面越来越恶化，法国共产党已经狂热到支持搞军备竞赛，无原则地拥护苏联。国内的报刊电台等舆论工具也一边倒地跟着形势走。正如加缪曾经最讨厌的那样，报纸以低级趣味和震撼全球的重大事件来博取人的猎奇心理。而电台为了增加收听率，竟专门开辟了一个栏目《表象的反面》，搜集道听途说的事情来当新闻播报。由于加缪的既不亲左也不亲右的政治态度，惹恼了那些狂热"进步分子"，他们蓄意对加缪进行人身攻击。他们散布假消息说，加缪已经将《鼠疫》的版权卖给美国一家公司，因而得到一大笔钱。"美国"这个词当时在法国是很让人厌恶的，法国共产党人认为俄国的炸弹是干净的，而美国的一切都是肮脏的。很多不明真相的人纷纷指责加缪的行为。加缪写了一封措辞严厉的信指责电台的造假行为。他明白地告诉对方，这则消息属于假消息，只要向当事人简单求证一下就可以避免。报刊已经做够了那些虚假龌龊的勾当，国家广播电台不应该是传播假消息的渠道，也不应该是损害个人名誉的机构。

加缪深感他没能让《战斗报》再一次焕发活力，所以引咎辞职。并申明，只是他离开，这份报纸将继续办下去。实际上加缪想说的是，新闻没有自由，只是政府和党派的喉舌而已，他无法继续下去，所以只能"缴械投降"。加缪一直希望新闻应该充分、自由、真实地反映时事，报刊所担当的使命应该是引导大众，而不是用一些哗众取宠的玩笑、丑闻等左右读者的兴趣，也不应该提供假消息或不完整的消息来迷惑大众，读者有权知道真相。新闻应该脱离当权者的控制，而《战斗报》后来所发的文章，都是替当权者说话，或者说直接倒向了戴高乐政府。加缪曾对《战斗报》寄予很高的热情，原本希望能以此为荣，现在却变成了这个灾难深重的国家的耻辱。

《阿尔及尔共和报》《巴黎晚报》《战斗报》，近10年时间，阿尔贝·加缪已经掌握了在报纸上编创各种栏目的专业能力，学会了撰写新闻报道、评述文章和法律观察专栏、文学评论专栏的文章。而这么短的时间内，有这样的成就，这和他的经历不无关系：他在读书期间，就培养了对文学和哲学的兴趣，学会了对知识进行储存；在走上社会后，他又学会了观察社会现象，并掌握了捕捉现象描写社会本质的方法；而从事新闻事业，使他又逐步在场景再现和事件评述中提高了对世界的认识分析能力。

在他成为知名作家后，许多媒体发出邀请，希望他能加盟，加缪心里清楚它们只是想利用他的名气，为自己谋利益，于是加缪一概拒绝。办报的经历几乎伴随了加缪短暂的一生，即使一次次使他心灰意冷。

加缪最后一次与报纸的合作，是1955年5月到翌年2月，为《快报》写专栏文章。让-雅克·塞尔万-施雷贝尔和弗朗索瓦丝·吉鲁都在设想创立一份可读性强的、有质量的报纸。他们支持政治家皮埃尔·孟戴斯-费朗斯，对于这个人，加缪通过他一系列的行为，认为他有别于政客，做了一些实际的事情，而不是整天去做一些无聊的演讲。《快报》的主要撰稿人之一让·达尼埃尔和加缪曾有过合作，转告了《快报》想邀请他加盟的意愿。

当时的加缪正处在一个绝对的孤独期，《反抗者》一书的发行、和萨特的决裂给他带来了巨大的伤害，他对文人圈子彻底地失望了。他曾对他的朋友说，他在这个时代是孤身一人，但同时又是和这个时代结为一体的，非常紧密地结为一体。另一方面，阿尔及利亚已经深深地陷入了混乱期，这是他最为担心的事情。而《快报》拥护的政治家皮埃尔·孟戴斯–弗朗斯在对待阿尔及利亚问题的看法和加缪一样，他是个自由派，希望阿尔及利亚实行同化政策，而不是实现它的独立。加缪显然知道，《快报》看重的是他的名人影响力，而绝不是他大胆的文章风格，但在他们允诺保证他的言论自由后，加缪接受了《快报》的诚意邀请。因为他心里很清楚："新闻，对我来说总是实现介入的最佳渠道。"靠着阿尔及利亚问题的推动，加缪开始了他又一次的新闻生涯。

他给《快报》的第一篇文章，就是为了试探《快报》的诚意。文章表面说的是一些崇高的人在恢复一个地震区的建设时发挥了很大的作用，但是明显地影射政客们在阿尔及尔问题上无聊的对峙。非常犀利的文笔，让人一眼看出了所指。《快报》给吓住了，但是考虑以后和加缪的合作，还是立刻刊登了全文，并致电加缪，称该文为"绝妙的好文章"。加缪的文章总是引发争论，他从此又介入了政治和文字无休无止的论战中，而这正好体现了他所继承的母亲血统里的西班牙人的倔强。

经历过前几次新闻行业的打磨，此时的加缪对时政评论技巧已经掌握得炉火纯青。从 1955 年 5 月 14 日到 1956 年的 2 月 2 日，加缪在《快报》上总共发表了 35 篇文章，全部都是对政治时局的关注。他在自己的人道主义主张为所有人不理解、被众人孤立后，用辛辣的文字来告诉人们，对待阿尔及利亚问题，并不是除了左就是右这样的二元对立，还有其他的道路可以选择。他相信阿尔及利亚的阿拉伯人和法国人可以找到一个共同生活的方式。

但事与愿违，随着世界格局的变化，《快报》也顺应"民意"，大谈起阿尔及利亚的独立。加缪对《快报》失望了，他主动离开了《快报》，而后者对于未能挽留住他，感到十分后悔。

从阿尔及尔时代以来，加缪对记者这一行从最初的激情万丈，一直到现在的完全失望。加缪一生曾三次登上新闻界的前台。有两年多的时间，他以其独到的风格和鲜明的价值观，成为法国报界最杰出的社论作者。《战斗报》的编辑曾像流星一样，标示出一个短暂而难忘的时代。但是最终他被新闻界整得遍体鳞伤。他很清楚新闻是一时的，文学则是永久的，因此他和报界渐行渐远，把余生的精力投入写作创作中。

3. 戏剧生涯

早在高中时期，加缪就对戏剧创作和编导非常感兴趣。1935 年的大学生加缪意气风发，刚刚进入喜忧参半的新婚期，和好朋友费雷曼维尔气味相投，商量着创办一个剧团，写一出题目叫《社会新闻》的剧本，自己和朋友当导演、演员。他的这个举动，冥冥中涵盖了他以后职业生涯的所有经历——写作、新闻、戏剧。可想戏剧在他一生的创作中所占有的重要地位。

加缪的戏剧体验和新闻体验一样，一开始都是在"文化之家"得到初步实践的。他在 1936 年文化之家工作计划的多项活动中，就有一项是创办一个无产阶级剧团。虽然计划早就拟定了，但是，由于当时加缪正受制于第一次痛苦的婚姻，始终没有投入全部的精力来完成这个计划。直到欧洲之行无意发现妻子不忠的证据而让他心灰意冷，结束了那段不幸的婚姻之后，才终于让他把放置在妻子身上的精力抽回来，开始了戏剧的摸索。

在文化之家，加缪真正感兴趣的是劳工剧团，这也是吸引加缪加入共产党的最主要原因。在 1936 年至 1937 年预计要演出的剧目依次是：高尔基的《底层》，马基雅维利的《曼陀罗》，马尔罗的《轻蔑的时代》，巴尔扎克的《伏脱冷》，以及《塞莱斯蒂娜》。

就当时的条件，不可能做到豪华的剧院、舒适的环境，毕竟劳工剧

团的演出面对的观众群是广大的底层平民。在鼓励社团成员们自己搭建
舞台时，加缪引用戏剧理论家雅克·高博的一句话："就剧团是一种工作、
探索、勇气而言，我们可以说它们被建立起来不是为了获得繁荣，而是
为了持续而不屈从地存在。"无论是报纸还是戏剧，加缪都希望是服从
自由精神。

　　加缪尝试的第一部戏剧作品是改编安德烈·马尔罗的反法西斯小说
《轻蔑的时代》。在漫长的 3 个月时间，加缪和伙伴们合作分工。加缪负
责剧本的改写兼任导演，让娜、玛格丽特等人负责落实演出地点和拉赞
助，费雷曼维尔负责舞台和场地的布置。在请马尔罗本人看了改编后的
《轻蔑的时代》后，马尔罗对以他的小说改编的剧本非常满意，他用马
尔罗式不容置疑的语气回复道："上演吧。"这是一部维护失业者利益的
演出，靠领取劳动救济金的失业者可以免费入场。1936 年 1 月 25 日晚，
演出现场座无虚席。当地一份很畅销的报纸《阿尔及尔回声报》在第二
天的剧评中实事求是地报道："演出得到了社会各阶层的热捧。"证实了
此次演出的巨大成功。《轻蔑的时代》在没有专业演员、没有正规演出
道具，甚至没有固定演出场所的情况下，演了很多场，每个周末都会上
演，每场都会有人坐满简陋的演出场所。观众涵盖了阿尔及尔的各个阶
层，大学生、教师、自由职业者以及生活在底层的平民。每到演出的高
潮情节，情绪激动的观众们甚至跟着演员的情绪，大声地唱起《国际歌》。
演出过程中，那些没有任何舞台经验的业余演员们，全是凭着自己对剧
中人物的理解，并按照加缪这个导演的意图本色出演，得到了空前的成
功，成了那个时代的经典和加缪长久的回忆。

　　趁着第一次演出的巨大胜利，加缪又进行了戏剧上的第二次尝试。

这次大家充分相信加缪的编剧能力，不需要改编别人的文学作品，改由加缪自己创作剧本。《阿斯图里亚斯的反抗》以西班牙的阿斯图里亚斯省为背景，讲述了1934年9月发生在那里的关于深山煤矿工人的一个真实事件。为了凸显这次剧本是大家集体创作的成果，加缪在剧本发表的前言上说："戏剧不是靠某一个人写出来的，除非那是不得已而为之。"几位年轻教师和戏剧爱好者，聚集在加缪和两位女性朋友合租的"世界之屋"，在享受着集体创作欢乐的过程的同时，也享受着阿尔及尔最美的景色。

《阿斯图里亚斯的反抗》的场景比《轻蔑的时代》更为复杂。整个过程中，会出现咖啡馆、官方的会议场所等。从剧情看，这是一出反对右翼的戏剧，而加缪在创作时，已经关注了问题的根本所在："戏剧行动只要像本剧中一样通向死亡，就会触及某种人类所特有的高贵形式：荒诞性。"一语成谶，果然，这出剧马上就遭遇了与荒诞的碰面：早在剧本一创作好之后，加缪就提交给了省长审核，省长已经同意了该剧的演出，并将演出地点定在了阿尔及尔有名的塞万提斯大厅。经过创作者推敲磨合，演员们反复排练，这部《阿斯图里亚斯的反抗》终于可以和观众见面了。但就在这时，阿尔及尔极右翼市长奥古斯丹·罗西以演出具有煽动性为由，不允许他们使用塞万提斯大厅。这其实就间接地表达了禁演的意思。这样一来，就让所有的创作者和演员们的心血都白费了。加缪采取了很多必要的方式来抗议政府的行为，包括散发传单，张贴海报，甚至还想到召开一次抗议大会，他在写给让娜和玛格丽特的信中，怒气冲冲地声称他觉得自己会做出任何偏激的事情来。《工人阿尔及尔》也声援他们的行为，称"对身处不幸之中的欧洲裔及土著儿童有益的一件事，而罗西先生竟然如此对待阿尔及利亚戏剧界第一次以生动、智慧的方式表达人民的呼声"。但是塞万提斯大厅还是没有给他们使用。为了给所有的剧社成员一个交代，也为了给自己一个交代，加缪他们找到一个很小的剧场，演出了其中精彩的片段。最后，一位出版商愿意将该剧的剧本以限量版的方式出版发行，结果销售一空。加缪和他的创作成员们，以实际行动说明，戏剧为了人民并与人民息息相关。

加缪患有肺结核病，不能过于劳累，而排练和演出则需要大量的体力付出，加缪像是玩命一样，身体的疲累反而更能激起他的活力："有些事情我是很怀念的，例如在抵抗运动中，或《战斗报》社里存在的那种同志关系，那一切已经很遥远！不过，我在剧团中又找见我所需要的这种友谊以及这种集体冒险，这些还是避免独来独往的最有益的一种方式。"①加缪这里所说的就是团队精神，这是一个集体的灵魂，没有这些，一个剧团就维持不了多久。加缪很了解这个行当——多亏了戏剧，才能逃避威胁着每个作家的抽象思维。

劳工剧团的人员成分复杂，但都是一些有本领的人。他们当中有作家、画家、音乐家，还有一位家境富裕的伯爵夫人，她有极高的审美情趣，本身也是一位画家。他们都是自愿加入无产阶级队伍中来的。当然，成员中也有真正无产阶级的木工、粉刷工等。尽管身份有别，但大家相处得都非常融洽。阿尔及尔的多家业余剧团中，劳工剧团是最活跃的一支文化队伍。

1936 年 12 月，劳工剧团推出了一些短剧，以及由拉蒙尔编写的一

---

①柳鸣九主编：《加缪全集》，戏剧卷，741 页，上海，上海译文出版社，2010。

出现实主义戏剧《秘密》。加缪排练了一出关于普希金的戏剧。

加缪不只是编剧，他也喜欢表演，并觉得自己很适合在莫里哀的《唐璜》里扮演角色。而导演戏剧更令他着迷。他天生就具有导演的禀赋，剧本讨论一结束，他就迫不及待地开始按方案实施，带领大家进行舞台表演的训练。这一段时间的加缪是快乐自由的。按照自己的想法，来做自己想做的事情，精力无限旺盛。他统管剧团的全局，从表演内容到表演形式，甚至是道具的安排。他在给让娜的信里压抑着兴奋写道，"我一个人要负责整个剧团的事务，逐项下达旨意"。他享受着被剧团里的年轻姑娘所崇拜。

这一切终于随着加缪被清除出共产党而结束，而此时的加缪已经尝到了戏剧带给他的特殊体验，欲罢不能。

1937年，在经历了开除出党和婚姻变故的双重打击下，加缪并没有颓废，无所羁绊的加缪终于可以放手开始做自己喜欢做的事情了。加缪想创建一个具有自由精神的独立剧团，一直支持他戏剧事业的好朋友夏尔·蓬塞立刻响应。加缪的意愿是要训练一个自己的团队，介于业余和专业之间，最起码不会用阿尔及尔的方言来说台词。团队成员立刻组建了起来，有加缪的一些好朋友，以及一些社会人士。其中包括蓬塞的同事，在一家船舶公司工作的塞莱斯丹·雷卡尼奥，他曾在阿尔及尔戏剧艺术学院学习过，在这个圈子里属于比较专业的人士。大家给这个剧团起名为"团队剧社"。1937年10月，由加缪起草、获得团队成员一致通过的成立宣言阐明了剧社的宗旨："团队剧社既无政治色彩也无宗教色彩，它所希望的是让观众成为自己的朋友。"同时，宣言也确立了剧社的理想，是创造一种有生命的艺术，向那些真正有生命的人细心传达它的内涵，这种艺术既粗俗又精妙。所有的剧社成员们遵循这个宗旨和理想，在工作之余，大家聚在一起，开心地讨论剧本，吵吵闹闹地排演节目。

在《卡拉马佐夫兄弟》这部戏里，加缪扮演了一个没有信仰的智慧之人，他很喜欢这个角色，演出水平超出了专业演员。刚开始，所有的朋友都反对上演这出戏，加缪几乎是强迫大家同意的。首场演出便获得了很大的成功，受到了观众和评论界的好评，大家终于松了一口气，剧团里的成员们转而都兴奋了起来，对剧团的未来有了憧憬。加缪在写信给他恋爱中的女友弗朗西娜时，说到自己当演员这个事情，告诉她自己非常喜欢伊万这个角色，他完全理解了这个角色，演出时直接就能表达出角色的情感，这一次圆了自己从小就希望当演员的梦想。

不过，好景不长，《卡拉马佐夫兄弟》演出了几场以后，便陷入了尴尬的境地，一方面评论界与行家对它赞誉有加；另一方面票房收入却惨遭失败。有时候观众人数来得很少，演员们演出时都提不起精神。但无论如何，团队剧社的第一次演出，不算太坏。

也许是因为所选剧目有问题，如他们上演的剧目，有纪德小说改编的戏剧《浪子回头》，夏尔·威尔德拉克的《特纳西岱号邮轮》等。因考虑既然不和政治和宗教挂钩，那么就多一些文艺气息很浓的剧本，这些剧本过于艺术化了，无论在阿尔及尔的哪个层次都不是很吃得开。团队剧社后来上演的节目都是类似于这样的结局，虽然业内呼声高，却不能保证他们最低的开支。阿尔及尔的语言风格和行事风格一样，是属于快言快语的类型，本地土语常常是一种本地文学的流行语言，而文艺气息太浓的节目，明显地失去了广大群众基础。

在动荡的生活中，喜悦总是不能维持很久。虽然加缪把希望寄托在团队剧社上，可形势总不尽如人意，团队剧社渐渐凋敝了。加缪在写给让娜的信中说道，已经没有几个演员肯继续协助他，他打算放弃这种奢望。但是一想起大家在一起排练的那些日子，想起那种美妙的情景，加缪永远都会感到惋惜。只是他明白，在贫困的压迫下，戏剧不是大家的生活必需品。

1938 年夏末，加缪迫于生计进入了新闻业，但加缪仍然舍不得放弃团队剧社，坚持到 1939 年的演出季，剧社还将《西方世界的江湖艺人》搬上了舞台，显然，他们走的路线还是曲高和寡。新闻评论赞扬该剧团的独立精神："这是一个没有明星的剧团，因此演出者不会装腔作势，演员同时还要负责舞台机械的安装、布景的绘制、电源的布设、海报的张贴和服装的制作。"

因为《阿尔及尔共和报》编辑工作牵扯了加缪几乎全部的精力，剩下的一点时间，他还要进行他的荒诞三部曲的创作。分身乏术的加缪忍痛暂时中断了他的戏剧活动。

但在之后的好几年里，加缪虽然告别了戏剧的舞台编导和演出，但他一直坚持剧本的创作。1939 年夏天，他完成了荒诞三部曲之一的《卡里古拉》。在被《巴黎晚报》裁员以后，加缪住在奥兰的丈母娘家，靠教授别人法语为生，也正是这一段安宁的时光，让加缪有时间创作好几部作品。在奥兰的这段时间完成的作品包括 1941 年创作的《误会》，1943 年到 1944 年冬天创作的《戏演完了》和《伤寒》。

和莎士比亚、莫里哀一样，加缪先是当演员和导演，后来才撰写剧本。不仅写剧本，他在巴黎期间还为萨特的几部戏剧忙碌着。1943 年 6

月，萨特的《苍蝇》一剧中，萨特十分欣赏加缪，甚至邀请加缪做《苍蝇》戏剧的导演，并在里面担任演员。在加缪的心里，从来就没有放弃过戏剧。况且，在萨特的圈子里，他因为戏剧结识了一位他的挚爱——玛利亚·卡萨雷斯，一位著名的戏剧演员。

1944年6月，在巴黎的马图兰剧院，加缪的《误会》开始排练，剧中的女主角由已经享誉巴黎的女演员玛利亚·卡萨雷斯担纲。《误会》是一出很让人唏嘘的悲剧。一个男人出外谋生，苦心经营赚了不少钱，他回到了阔别多年的家。他把妻子和孩子安顿在外面，自己只身一人回到母亲和姐姐开的旅馆里，他没有声张，是想给家人一个惊喜。母亲和姐姐已经完全认不出他了，但是看到了他故意露在外面的大量钱财。夜深人静，姐姐悄悄地打开了他的卧室门，用铁锤砸死了熟睡中的弟弟……

这是一部关于孤独题材的剧本，人们或许能从中看到加缪的影子。他想要表达的是："在一个不公正的、冷漠的世界里，人可以自救，并且救别人，只要拿出最简单的真诚态度，讲出最准确的话。"①尽管有玛利亚压阵，《误会》还是遭遇了失败。这是加缪继《局外人》和《西西弗神话》的巨大成功后，而遭受的一次惨败，加缪对此很恼火，后悔没有推出他的《卡里古拉》。

1945年8月，在法国的埃贝尔托剧场，加缪开始排练四幕剧《卡里古拉》。《卡里古拉》剧情说的是一位和蔼可亲的罗马皇帝卡里古拉，他的情人死在了罗马的郊外，他把尸体寻找回来后，神志有点不清，臣

---

① 柳鸣九主编：《加缪全集》，戏剧卷，758页，上海，上海译文出版社，2010。

子们以为他过于悲痛而疯了。但是，卡里古拉告诉大家，他从没有像现在这样清醒过，他发现了一条简单而深刻的真理："人都得死，所以他们并不幸福。"但是，卡里古拉绝望地发现，世人皆醉我独醒，周围都是一些麻木不仁的人。在荒诞面前，在恶的命运面前，人们依旧臣服于他。他要让这个看来充满谎言和自我欺骗的世界醒悟过来，他要将不可能之事变为可能。于是他实行暴政，任意杀戮，剥夺他人财产，把众臣的妻子当作妓女使用。被这荒诞的君王摧残三年之后，众臣终于决定要推翻这个暴君。卡里古拉坦然接受被毁灭的命运。在被众人杀死的时刻，卡里古拉大叫着："历史上见，我还活着！"这是一出悲剧。"《卡里古拉》是一种高级自杀的故事，这是谬误的最富有人性的也最悲惨的故事。卡里古拉忠于自己而不忠于别人，以死来换取一个明白：任何人都不可能单独拯救自我，也不可能得到反对所有的人的自由。"①《卡里古拉》比《误会》的荒诞色彩更浓，加缪在该剧中塑造了一个做事动机特殊又高深的暴君。

在全体演员的共同努力下，演出获得了巨大成功，又是一例没有大明星出演而获得成功的例子。加缪阅读了媒体上发表的关于此次演出的大量评论稿。虽然评论界热议此剧，他却非常看不惯评论界的不认真态度。在与《卡里古拉》有关的30篇文章里，赞美的理由与批评的理由同样蹩脚。都是一些附会之作，几乎看不到一两句真诚的或是令人感动的话。他们之所以对这部戏剧进行了热烈评论，只是因为这个剧本是加缪写的，是一个在法国知识分子界正值盛名的作者。

---

① 柳鸣九主编：《加缪全集》，戏剧卷，757页，上海，上海译文出版社，2010。

《卡里古拉》成为加缪的代表剧作，总的来说，《误会》和《卡里古拉》都是关于自杀的题材，《误会》是被动找死，而《卡里古拉》是主动找死，这和《西西弗神话》提出的哲学命题相呼应。

加缪和演员们相处得很融洽，但在一起排练戏剧的时候，他具有说一不二的权威。他带领的演员几乎没多少人有专业素养，但是他强调动作的重要性时曾说过："心灵只能通过动作，借助身体才能得到表达，为人所理解——或者通过语言，然而语言既是属于心灵的，也是属于身体的。"他对演员们关怀备至，他曾经有次在和朋友散步的时候，举例说道，教师这个行业，具有资产阶级学衔的人，这些人生活轻松，每年还要享受假期；而演员们则辛辛苦苦，不分时日地演出、排练。加缪不无刻薄地指责知识分子，和搞戏剧的人相比，他更喜欢跟后者待在一起，不管他们的道德是不是高尚。理由有两个：第一，那些知识分子的不可爱是众所周知的，而且还文人相轻。第二是更主要的，在知识分子圈子里，不知为什么总仿佛亏欠了他们，得顺从他们才行。这番话，应该是加缪最深的感触。他出名后，得到的更多的是来自法国知识分子圈子的敌视和排挤。加缪很少获得过真正的友谊，因为他迅速出名，而且性格固执高傲，总是引得"朋友"的疏远，不过与之成反比的是，他总是拥有很多忠诚的女朋友，著名演员玛利亚·卡萨雷斯成了他最忠实的情人。他们都对戏剧有着狂热的喜爱，志同道合把他们紧紧地联系在一起。

小说《鼠疫》大获成功后，加缪又开始构思一部新的戏剧作品，这部叫《戒严》的戏剧，剧中的女主角，加缪是为玛利亚量身打造的。《戒严》故事发生的背景和《鼠疫》有些相像，但又不完全一样。加缪的好友、戏剧导演让－路易·巴罗邀请他将《鼠疫》改编成舞台剧，加缪在深思熟虑后，放弃了改编计划，决定以同样的题材和背景重新创作，于是便诞生了这部《戒严》。

　　作品以瘟疫爆发为故事背景，描写了人们在面临突如其来的灾难时，生命变得荒诞、生活丧失意义的异常状态。青年医生狄埃戈为了追求荣誉，不惜冒着生命危险救助被瘟疫感染的人。他的未婚妻维克多利亚坚定地追随着他，但是瘟神和死神禁止娱乐和爱情。二人为了相互厮守，根本不顾死亡的威胁。意外地，他们发现，勇气的力量原来可以战胜瘟疫。《戒严》揭露的是一种变态的社会关系、一个被恐惧制伏了的世界，如同小说《鼠疫》里一样，人们惶惶不可终日，惊慌失措而不知如何是好。政府部门颁布禁令，严禁在没有向负责部门报告的情况下救助任何患病的人。一家人互相揭发得到特别提倡，奖励是发给他们双份定量的食物。在那个荒唐动乱的时代，人人自保，无暇顾及别人的死活。剧中，清醒地认识到这一阴谋的主人公狄埃戈医生，竭力将混沌中的人们叫醒。他让大家不要再恐惧，所有能站起来的人都站起来，扔掉堵住你们嘴的东西，告诉自己不再恐惧，反抗的时机便成熟了。

　　和《鼠疫》一样，加缪这部戏剧也有深刻的寓意，绝对不是一场瘟疫那么简单。剧本借鼠疫——纳达狂妄地叫嚣，揭露了一个时代的恐惧："在五大洲，一个世纪接着一个世纪，我不间断地屠杀，但也不急不躁。当然，还不算太糟，其中也有思想，但不是全部思想……如果你们想了解我的看法，那就告诉你们说吧，杀死个人，虽然快活一下，但是不会带来收益。总之，还不如使之成为奴隶。理想的做法，就是杀一儆百，有选择地杀掉一小批人，将多数人变成奴隶。今天，技术问题已经确定。因此之故，我们屠杀或贬斥必要数量的人之后，就迫使全体民众跪倒在地了。任何美丽的容貌、任何高尚的情操，都抵御不了我们，我们将无往而不胜。"①这部戏，针对的是当时西班牙的佛朗哥政权以及苏联的势力范围。

1948年10月27日，《戒严》在马里尼剧院上演，尽管这部戏的舞台布置、服装以及音乐都完美得无可挑剔，却遭遇惨败。"毫不费力地得到了一致的批评，极少剧本能受到如此全面的抨击。"因为触动了敏感的政治问题，没有人表示喜欢这部剧，包括萨特。面对如此彻底的失败，加缪执拗地表示这部戏剧是他写的最有本色的一部戏，却得到了全体一致的如此尖刻的批评，他感到很遗憾。

紧跟其后，1949年12月15日，《正义者》在埃贝尔剧院上演，这出戏的剧本，来源于1905年2月社会革命党的恐怖分子的真实故事。加缪在《正义者》剧本的前言中是这么写的："社会革命党的一个恐怖小组，于1905年2月在莫斯科组织一次暗杀行动，用炸弹炸死皇叔谢尔盖大公。《正义者》就是取材于这次暗杀事件及其前后的独特氛围。剧中的一些背景情况，不管显得多么特殊，仍然具有历史意义。这不等于说《正义者》是历史剧，读者也自然会明白这一点。不过，剧中人物都确有其人，他们的行为正如我描述的这样。我仅仅要把史实写得尽量逼真罢了。我甚至保留了主人公卡利亚耶夫这个真名实姓。我这样做并不是懒于想象，而是出于对那些男女的敬佩，因为他们在最残酷的任务中，未能消除良心的不安。诚然，后来社会有进步，像无法容忍的痛苦一样压在那些心灵上的仇恨，也变成了一种适意的制度。这就更有理由

————————

①柳鸣九主编：《加缪全集》，戏剧卷，191页，上海，上海译文出版社，2010。

追念那些伟大的亡灵、他们的正义反抗、他们的艰难友情、他们为同意暗杀而付出的超乎寻常的努力，并以此表明我们的忠诚。"①

首次公演，获得了全面的成功，加缪以他特有的人道主义精神打动了观众，人性的光辉照耀着黑暗的世界。

加缪对戏剧的爱是没有索取的，没有想获得名利。有一次和好朋友波尔热谈到戏剧这个问题，加缪笑着说："如果我想赚钱，我就应该写那种只有两个人的剧本。戏剧，付出太多了。"

加缪曾经和女演员卡特琳娜说过，戏剧是所有文学体裁中最高级、最有普遍性的一类。加缪从未放弃过对戏剧的热爱。当他几次在生活、事业特别是政治事件中搞得焦头烂额的时候，曾经一度冷藏了戏剧的梦想。而如今，他和萨特之类的左派知识分子决裂后，他不再为别人对他的看法而纠结，他决定重拾自己喜欢的事情，不仅做个戏剧爱好者，而且要成为一个真正的戏剧人，他雄心勃勃地想再次建立一个剧团并领导它。

到 1956 年夏天，加缪已经有 10 部戏剧作品，其中 6 部是改编自马尔罗等名家之作，另外 4 部是自己的原创。如今他在全力改编威廉·福克纳的长篇小说《修女安魂曲》。他奉福克纳为"最伟大的美国作家"。虽然福克纳小说里的典型的"急促喘息"的美国式语言风格，改编成戏剧是很难下手的，但是加缪非常喜爱福克纳小说中古典的悲剧情怀。这部小说，原作者福克纳也曾经将其改编为戏剧，而加缪希望能够以自己对世界、对人性的理解做出新的诠释。故事的女主角谭波尔，被旧日情

---

①柳鸣九主编:《加缪全集》, 戏剧卷, 196 页, 上海, 上海译文出版社, 2010。

人的弟弟手持往日的情书敲诈，违愿与其私奔。黑人女仆南茜不让谭波尔离开，杀死了她的孩子。谭波尔觉得错全在自己，向州长祈求赦免南茜的死罪，却终于失败。

加缪笔下的《修女安魂曲》是一部现代悲剧，在紧张的冲突与对话中，揭示了人类对命运的无奈抗争以及自我救赎的渴望与勇气。加缪在改编创作《修女安魂曲》中用尽了全力。经历过以前的失败，他变得有点不自信，剧本一改再改，临上演心中还不踏实。对于演员的排练也一样苛刻，在观看彩排时，加缪会情不自禁地跳上舞台，向演员说明作品中人物内心的感受：一个人站在痛苦悬崖边缅怀过去的沧桑，他说话的语气必定是向着词和句子绕成螺旋。在导演方面，他已经显得很专业了。

这场戏剧在排练了 80 次以后，终于和观众见面了。让加缪大喜过望的是，《修女安魂曲》大获成功，共计上演超过了 600 场。1957 年 1 月 4 日，加缪甚至收到了原著作者福克纳的祝贺电报："新的一年开始了，谨向您表达我的美好祝愿，祝贺我们的这次合作大获成功。"评论界也不吝赞美之词，眼光一向挑剔的《费加罗报》、加缪曾经服务过的《快报》都非常地肯定了女主角的表演风格。而加缪在《快报》时的死对头《法兰西观察报》给了加缪最高的评语：一位伟大的戏剧家，一位出色的戏剧家，为我们奉献了为之倾倒的晚上。

加缪这次以其出色的导演才能被关注，甚至有纽约的代理人打电话找到他，希望他将自己的《卡里古拉》搬上纽约的舞台。

加缪一生中最后一次改编的戏剧是《群魔》，取材于陀思妥耶夫斯基的同名小说。加缪这次看中的不是小说中的荒诞性，而是因为《群魔》是一部"有现实性的作品"。《群魔》刻画的是以斯塔夫罗金为核心的一群虚无主义者的群体肖像，群像则嵌刻在 19 世纪的俄罗斯就已然出现的价值虚无的背景下。加缪对《群魔》作出了更普遍、更感性的描述："这些灵魂不能够爱，又为不能爱而痛苦，虽有愿望又不可能产生信仰，这也正是今天充斥我们社会和我们思想界的灵魂。"并且坦言："他们同我们相像，都有同样的心灵。" ①

加缪将《群魔》改编为话剧搬上舞台，这次改编的难度是加缪改编以来最大的一次，也使他费尽了心力。资金的筹集、导演的人选、演员的安排，无一不让加缪操碎了心，从《轻蔑的时代》以来，《群魔》是他指导排演耗时最长的一部戏剧。加缪从 1958 年 4 月开始改编，11 月开始排演，一直到 1959 年 1 月 30 日才开始首演。《群魔》得到巴黎各界包括名流们的一致好评，也得到了巴黎政府的肯定，甚至时任法国文化部部长的马尔罗亲自到场观看演出，并给予了首肯。

经历过浮浮沉沉，加缪对戏剧事业不忘初心地一路走来，终于走到了他戏剧事业的巅峰。这个时候，加缪开始谋划着实现一个渴望了许久的梦想——成立一个完全属于自己的剧团。在他遭遇车祸罹难的第三天，他生前争取创建剧团的项目，被批准下来了。

---

①柳鸣九主编：《加缪全集》，戏剧卷，594 页，上海，上海译文出版社，2010。

4. 避居奥兰

　　由于彼亚和加缪在《阿尔及尔共和报》以及《共和晚报》上大胆地对法共表示出怀疑态度，他们的名单出现在了当局的黑名单上，并受到监视。1940 年 2 月 8 日，阿尔及利亚港务警察局终于松了一口气，因为他们监视的人物之一，被禁的《共和晚报》社长皮埃尔·杜朗，又名帕斯卡尔·彼亚，于当天 11 时带着全家乘坐轮船离开了阿尔及尔。这下阿尔及尔警察署对付的就是加缪了。

　　而此时的加缪，尽管在《阿尔及尔共和报》学了一身的好本领，却没有媒体敢用他。以前请他补习法语的那些家庭，也因此不敢和他多接触。加缪终于完全失业了。甚至之前在《阿尔及尔共和报》没有结清的薪资也被冻结，理由是，加缪写了一些"失去理智的"文章而被总督府强迫辞职，属于不可抗拒原因。这段时间，大概是他一生中最艰难的时刻，没有职业，没有收入，居无定所。好在他有着写作的坚定信念和一些漂亮的女朋友。

　　在他最穷困潦倒的时候，弗朗西娜给了他希望，他在 1939 年 11 月份的笔记中写道，那个时期他把一切都搞砸了。在晦暗不明的前景下，心情沮丧到极点。爱着他的弗朗西娜深知他的处境，给他打来电话，希望他能去奥兰，到她的家乡去。加缪思考了一番，终于还是决定，同意尝试重新成为一个正常的人，在奥兰找份工作，好好地和弗朗西娜在一起。当下的形势对加缪很不利，尽管他深知做如此选择，会因此失去许多快乐，失去许多朋友，但他也只能接受弗朗西娜的建议，尽力这么做。他所指的失去的快乐、朋友，就是他的自由自在和其他的女友。这一次，他终于许诺要跟弗朗西娜结婚了。

1940 年年初，他往返于阿尔及尔和奥兰城之间。他在奥兰可以给别人补习法语，也可以在随笔里记下很多见闻，同时他开始创作一部小说。

在奥兰海滩的一次游玩，他给自己的这部新小说找到了一个再合适不过的场景——小说里的故事就是围绕海滩上一个突发事件来发展的。那天，加缪和弗朗西娜的亲戚朋友等一大帮人在海滩上闲逛，忽然远处传来了吵嚷声。同伴中一个叫拉乌尔·本苏桑的，突然情绪激动地跑过来招呼大家过去帮忙，原来他和两个阿拉伯人发生了冲突。奥兰人和阿拉伯人都有着不服输的劲儿，在互相的厮打中，阿拉伯人动起了刀子，拉乌尔受了一点皮外伤。心怀怨愤的拉乌尔回去拿了手枪又去找那两个阿拉伯人，结果两个阿拉伯人被吓跑了。但这却把事情搞大了，警察来到现场，抓住两个阿拉伯人。尽管是拉乌尔持枪，但是动刀子的人则被手铐铐住，因为他们是社会底层的阿拉伯人。故事没有什么更精彩的，但是，它是引发加缪创作小说《局外人》的机缘。在写小说的加缪那里，这个简单的故事被写进了《局外人》，而且作为一个重要的、推动情节发展的事件。真实事件中，拉乌尔没有开枪，而小说中主人公默尔索开了枪，打死了阿拉伯人，被抓了起来，以致后来被判了死刑。情节很简单，但细节中处处显示荒诞的语言、行为和念头。

在奥兰的加缪，除了酝酿这部作品时能让他心情安定外，其他的一切让他感到厌烦：周围的环境、弗朗西娜的一家。其实，凭良心说，奥兰城是座很不错的城市，他的老师让·格勒尼耶曾经为这座城市写过一篇随笔。在格勒尼耶眼里，奥兰城有着朴实无华的美：往西可以看到阿依杜尔陡峭的山峦，被古旧的西班牙圣克鲁兹要塞所环绕。欧洲风格的建筑偶尔让人忘记这里是北非，而感觉自己是身处巴塞罗那或者尼斯。弗朗西娜一家也没有加缪认为的那么讨厌，这个只有女人的家庭，只是为了能看到加缪对弗朗西娜的幸福有个保证而已。

实际上，这一切之所以让加缪感到烦忧，是他的心结，是一种刚刚在新闻行业中崭露头角并获得了认同，却突然被抛弃的失落感。他和彼亚一直保持通信，也得知彼亚在巴黎依旧从事着新闻行业，他请求彼亚帮他联系看看是否有合适的工作。并告诉彼亚，他已决定离开阿尔及尔前去巴黎。在这里他什么也不能做，没有任何机会。他的话语里透着期待，他说他希望尽快接到彼亚的电报，他太想离开阿尔及尔了。不负加缪的期望，彼亚果然给加缪争取到了《巴黎晚报》的编辑一职。

在向丈母娘全家做了保证，而且举行了求婚仪式后，加缪离开了阿尔及尔去了巴黎。他的离开让阿尔及尔警察署也松了一口气，再也不用费心思去监视那个不安分的加缪了。1940年3月16日，加缪抵达巴黎。彼亚果然有活动能力，加缪被安排进了《巴黎晚报》，薪水优渥，工作清闲，这给加缪创作自己的荒诞三部曲提供了非常好的条件。而这样的好日子维持了不到一年时间，就被第二次世界大战爆发再一次打乱。1941年1月，结婚刚刚一个月的加缪夫妇乘船离开巴黎，不得已再次回到了奥兰。

这次加缪的身份是作为弗尔家的女婿，虽然与丈母娘一家摩擦不断，但生活总归是要继续的。他靠教一群高中毕业班的孩子们上法语和哲学课而勉强得到些收入。因境遇不顺而无奈地寄居在奥兰的加缪，人和弗朗西娜在一起生活，而爱情总是寄托在他给女朋友的信里。加缪在奥兰过着一段闲适放松的生活，顺便构思他的另一部关于《鼠疫》的长篇小说。每当烦躁不堪，或者作品思路不顺的时候，他会来到海边。加缪躺在奥兰的沙滩上，怀念着阿尔及尔的大海。

　　就算全世界都把那个《阿尔及尔共和报》的野性十足的加缪编辑忘记了，但是彼亚没有忘记。经过《阿尔及尔共和报》的合作，彼亚和加缪志同道合。彼亚做事沉稳踏实，加缪文采超群，两人天生绝配。彼亚时常想着能再次和加缪合作做点什么事情。他积极要求加缪把他完成的荒诞三部曲手稿寄给他看。当彼亚看了《局外人》之后，他一下子被加缪作品里蕴含的哲理给迷住了，他折服于加缪对荒诞世界的阐释。他告诉加缪，如此高质量的作品，他已经很久没有见到过了。他并且断定，《局外人》早晚会占据一流作品的位置。随后他又将加缪的《局外人》和《卡里古拉》结合起来认真研读，他认为懂行的人能看出加缪是从哲学的角度研究过荒诞的。加缪参加很多的社会活动所做的观察，总结出社会现象所折射出的种种荒诞，这个绝对比那些在象牙塔里苦苦思索，靠着翻版前人经典的大学生和学者们写的作品，要深刻得多。彼亚毫无保留地表达了他对加缪的欣赏，他惊叹加缪高超的驾驭能力，既能陈述默尔索的种种遭遇，又能写下卡里古拉的疯狂独白。

　　赞叹之余，彼亚开始利用他强大的活动能力，先是想办法将《局外人》送到了安德烈·马尔罗的书案上，又找到了在加斯东·伽利马出版社很有影响力的波朗，向他强力推荐了《局外人》《卡里古拉》，并催促加缪赶紧拿出他的《西西弗神话》。

伽利马先生在出版社听到过波朗对《局外人》的推荐，但印象并不算太深刻，而等他在马尔罗家里看到案头赫然放着的《局外人》和《卡里古拉》书稿，就让他不得不重视加缪的作品了。马尔罗认为加缪的《局外人》显然是一部重要的作品，写作手法既简单又有力，最终迫使读者接受了小说主人公的观点。由于作品的成功与否取决于是否具备说服力，因而这种表达的简单和有力就更值得赞叹。而加缪就是利用这样的创作手法，在作品中令人信服地揭示出了荒诞性主题，这一点是最可称道的。马尔罗的分析让精明的出版商加斯东·伽利马感觉到他又找到了一匹黑马。

加缪心中的英雄安德烈·马尔罗将加缪的《局外人》看得十分仔细，这充分释放出马尔罗对这部作品很感兴趣的信号，而一部作品能让马尔罗提出修改意见的话，表明在他心里就已经给这部作品打到 85 分以上了。加缪在看了马尔罗给他提出的几页纸的修改意见后，一改以前的漫不经心，立刻着手进行了修改。在彼亚的精心推动下，所有热忱而执着的努力收获了成果，1942 年 4 月 23 日，加缪收到了加斯东·伽利马寄来的合同和版税预付款，称《局外人》非常出色，他会尽快出版这本书。

1942 年 5 月，《局外人》在法国印刷发行了 4400 册，甚至与纪德的新书《戏剧》印刷的数量相当。

《局外人》之后，另两部作品的问世乃是水到渠成的事情了。紧接着，加缪新作《西西弗神话》被加斯东·伽利马看中。在等待《西西弗神话》审核之际，伽利马还写了明信片给加缪："如果您以后有什么值得出版的作品，请一定告诉我。"

　　当伽利马出版社在对《西西弗神话》进行校对和润色时，加缪又病倒了。还是那该死的肺结核，有时候人的意志是很坚强的，加缪在未完成荒诞三部曲的时候，夜以继日地写作，没完没了地抽烟，身体却没有大碍，如今肩膀上的担子一松，肺结核就开始找上麻烦了。加缪不停地咯血，让丈母娘一家人惊慌失措。她们全力地照顾着加缪，从来没有去抱怨过什么，如今弗朗西娜的丈夫不再是一个湮没无闻、孤独漂泊的穷书生，当然也不是那个玩世不恭、风流浪荡的"唐璜"了。

　　对于三部曲的成功，加缪还没来得及享受，又落入了疾病的折磨。这次的重病，让加缪放慢了生活节奏，不能再没有时间概念地疯狂写作了。他勇敢地面对疾病，积极地配合治疗，希望能控制住病情，毕竟他还有事情要做。对他来说，这一次生病可以给他反省的机会，安静下来收拾过往，不是他故意地选择远离人和事，而是患病的他被迫和社会上的种种隔离开了。他感叹青春易逝，并嘲笑说这就是患病的代价。他经常去奥兰海边的悬崖处反思，认为患病无疑是一种孤独的体验，而这种孤独不独是肺结核病给他的。他想到他的新闻事业、他的文学创作以及他的一切得意和一切不如意。有时会有短暂的消沉，内心做了调整后，他的脑海里立刻想到了那些曾经给过他力量的文字。他又信心十足地告诉自己，最理想的情况是让疾病变成对自己有益的好事，就像重新进学校念了一回书。

　　经过医生及时有效地治疗和弗尔一家人细心地照顾，加缪的病情得到控制，尽管还很虚弱，但是已经慢慢地在好转了。

　　为了更好地康复，弗朗西娜把加缪带到了卢瓦尔省的尚蓬地区一个亲戚家的农场，那里海拔比较高，正适合肺病患者疗养。这里景色优美，民风淳朴，作家渐渐喜欢上了这个美丽的地方，到处是数不清的草地、树林、泉水。整天都能闻到青草的气息，听见流水的声音。这里的秋天到处是由山毛榉构成的金黄色的斑块，或者孤零零地长在树林边，如同流淌着金色蜂蜜的巨大蜂巢。所有的景色都十分美丽。这里的气候和饮食很适合加缪的恢复，但是不能喝酒也见不到美女，让加缪很苦恼，他把在这个美丽的地方逗留期间称作修行，而疾病是一所修道院，有着自己的清规、苦行、静谧和灵感。

在这里，加缪安心地休养，并创作新的小说。他给这部小说定位在既有普遍的社会意义又有形而上学的意义，应该超越了荒诞三部曲的现实性。他给自己定了方向。他认为对于一个作家来说，首先要学会的艺术，是把自己感受到的东西通过媒介移植让别人一样可以感受到。加缪觉得最初几次的成功算是侥幸，再往后就需要有真正的才华来代替偶然性。1943 年的秋天，加缪在宁静美丽的尚蓬度过了几个月，几乎快要完成他的《鼠疫》。

5. 声名鹊起

社会各界都对《局外人》反应热烈，好评如潮，1943 年 11 月又加印了同等的数量。这不俗的成绩已经让加缪在法国有了一定的名气，成了文坛新秀。法国的新闻界纷纷向加缪伸出了橄榄枝，让他获得了给法国主要报纸和杂志撰写文章的权利。

在彼亚和波朗等朋友的帮助下，加缪再次来到了巴黎，受聘于伽利马出版社。1943 年 11 月，伽利马出版社先是聘用加缪为秘书，然后又评为审读委员，进入了举足轻重的审读委员会，决定着许多作者的前途和命运。

伽利马出版社的审读委员，这个位置是很让人羡慕的，却令加缪十分为难。朋友们知道了他的身份，都会投稿到伽利马出版社，如果他不帮忙，朋友不高兴；如果他帮了忙，社里又会有人说他不够负责任。加斯东·伽利马出版社审读委员会是以 10 个审读委员为成员而组成的内部组织。一部作品在审读委员会中通过，会经过一审、二审。必要时，还必须拿到委员会议上经过大家讨论。审读委员会的成员都是一些训练有素的专业编辑，作品质量的好坏，逃不过他们的眼睛。

加缪干得很出色。他对没有通过审读的作品的作者态度很和蔼，在告知他们稿子不能出版时，他会用很婉转的措辞安慰作者，比如说，他会强调其他审读委员比他更严格，所以在犹豫之后，只能放弃这本书的出版；他会真诚地拿自己当例子，告诉作者他曾写过两本特别糟糕的书，一直到第三本才出版。他说的是实情，只是他所说的前两本书，并不是被出版社拒绝的，而是他没有拿出来。因为他经历过，懂得这些人惴惴不安的心情。而对待那些通过了审读的作品，他会说些自己对作品的看法。他会称赞作品总体上很美，很能引人联想，也会指出作品中的一点小小的不足。他还鼓励作者，想要成为作家，一定要多写，勤奋远比天才更重要。

加缪为伽利马出版社审读委员会前后效力了好几年。但出版社的事情太繁杂，每天要审读那么多良莠不齐的稿子，这让加缪烦躁不已，他抱怨已经没有新鲜的创意了。一直坚持到他开始创作《反抗者》，为了完成这本他称之为"新的随笔"的《反抗者》，他借口说身体不好，想要离开伽利马出版社。而加斯东怎么舍得这个最能让他赚钱，而且正值创作高峰的作家离开他的出版社呢？老板准了加缪的假期，在病假期间，加缪仍然可以领到月薪。不过，加缪可不是这样喜欢占别人便宜的人，他声明，将对在出版社的职务做一个最终决定。他想解除在伽利马出版社的职务，好腾出时间来创作自己的作品。

这期间，更重要的是，他在伽利马出版社的圈子里，认识了萨特，并甚为萨特所赏识。萨特那种骄傲且目中无人的家伙，对加缪的文风和为人很是喜爱，两人也因此保持了很密切的联系。

加缪对萨特的好感是从《阿尔及尔共和报》开始的，他曾经在《阿尔及尔共和报》的读者俱乐部专栏上，写过萨特《恶心》和《墙》的书评，那时候，萨特还不认识阿尔及尔的小记者加缪，也没有看过《阿尔及尔共和报》。而同样地，萨特在读到了《局外人》后，立刻被书中哲理的形象性迷住了。1942 年 9 月，萨特写了一篇长达 20 页纸的评论稿。他兴奋地分析着加缪《局外人》的写作风格，一种简单直白的写作手法，但却直入人心。这种朴实简洁的手法完全不同于当前文坛所流行的浮夸做作，让萨特耳目一新。当然，萨特更看重的是主人公默尔索身上折射出的一种哲理，这正好符合萨特正在创作的《存在与虚无》里的哲学主张。他认为《局外人》是一部古典主义的作品，一部有条理的关于荒诞和反抗荒诞的作品。但他不能肯定作者是否意识到了这一点。他们两人真的是天生一对，当年加缪在评论《恶心》时，他读出了萨特所没有意识到的问题，他也认为萨特仅仅是指出了荒诞，却没有进一步说明怎么去反抗荒诞。两个人建立起了名声上看起来很不对等的良好友谊，要知道，萨特当时在法国已经是非常著名的人物了。

因为当时法国处在被德国占领时期，公共场所并不适合这样一群心高气傲的文人。他们经常聚集在一个小圈子里。萨特的朋友组织了一次沙龙活动，要求大家以一出舞台剧为蓝本，进行一次朗诵会。一向有导演欲的加缪站在虚拟的舞台口做舞台监督，指挥整场活动。为了引起一位漂亮女人的注意，他干得格外认真，却不主动去跟这位姑娘搭讪。如加缪所料，这位长相大气的西班牙美女被加缪的认真神态吸引住了，这个女人就是玛利亚·卡萨雷斯，一个已经有了一定知名度的西班牙籍女演员。他们互相为对方的魅力所倾倒。玛利亚日后也成了加缪除了妻子弗朗西娜以外，保持关系最长久的独一无二的女人。

这段时期的加缪异常轻松，既不用和弗尔家的女人们生闷气，又有伽利马出版社的经济来源，还有着巴黎知识分子圈子高层的友谊，特别是和玛利亚开始了一场自由自在的恋爱。

　　在巴黎过得还算顺心，加缪又开始折腾起来了。这位人气作家，和彼亚又一起创办了一份《战斗报》。他不放弃新闻事业，是源于对新闻这一行业的热爱。加缪延续了《阿尔及尔共和报》的犀利作风，发表了诸如《给德国友人的一封信》等著名的反对法西斯侵略的文章。加缪又一次成为法国新闻界的风云人物。

　　加缪把这期间美好的感觉，也分享给了弗朗西娜。他描述巴黎落叶在人行道上飘滚的秋日，告诉弗朗西娜巴黎是一个美丽的、温暖的地方，夜晚皎洁的月光照在空无人迹的十字路口，此刻这座城市散发出一种它再也找不回来的庄严气氛。他跟弗朗西娜简要地说了他在巴黎的状况，他参加了地下抵抗组织，成了反对法西斯组织中的一员，他在为这个国家获得自由而努力，这也是他和家人团聚的前提。他告诉弗朗西娜，他现在和彼亚在一起为《战斗报》工作，还十分兴奋地说到他和彼亚已经取得了一定成功。为了安抚弗朗西娜，加缪表示一旦能够离开巴黎，他会尽可能回阿尔及尔和家人团聚。他说到自己正在经历的一切，没忘记告诉弗朗西娜，在街道的转角处还有一些美好的事物，女人们踩着高高的木跟鞋子摇摇晃晃地走着，但对西班牙美女玛利亚，他只字未提。

　　这期间，加缪的《误会》和《卡里古拉》也成为巴黎时下最流行的两个剧本。巴黎马图兰剧院是个规模不小的私人剧院，剧院的经理马赛尔·埃朗有着精明独到的眼光，善于发现好演员，也善于发现好剧本。他对加缪的《误会》和《卡里古拉》都很感兴趣，经过商量后，着手开始进行排练。虽然《误会》演出的结果并不理想，法国观众们对《卡里古拉》则给予了最高的礼遇。伴随成功而来的就是名气。

　　之前那个穷困潦倒、病魔缠身、不名一文的穷作家加缪，在 1945

年的巴黎，已经是相当有名气了。他所有的身份都让他出名。他已经是一位知名作家，发表了震惊法国文坛的《局外人》和《西西弗神话》；在《战斗报》上发表的那些文章使他成为一名著名记者；在伽利马出版社，他一直担任审读委员会委员；作为戏剧家，他的《卡里古拉》获得了巨大的成功。但他保持着清醒，在《卡里古拉》获得成功后，加缪在阅读媒体的评论时，他在思索，评论文章只是冲着他已经获得的名声而做的。加缪这么说，也不表示他看不起名气。他需要名气，早在《阿尔及尔共和报》期间，他为那些社会不公现象做报道被压制时，他就曾表示，如果他是一个有名气的人，他说的话就会有一定的影响力了。他并不在意名气能给他带来的虚荣感，他是需要借用这所谓的名气，来完成他的"雄心壮志"。

他不享受他的名气，但也不应该忽视他内心潜移默化的变化。在刚来巴黎的时候，尽管他不认可萨特的哲学理论，但他心怀喜悦地跟文化名人萨特交往。现在，他却不太喜欢别人把他的名字和萨特并列。随着他所处地位的上升，如今眼界也更加开阔了，已经不再像以前那样仰视萨特。经过几年的交往，加缪更在意他和萨特之间的分歧。

加缪这么多年来一步步地走入了法国的文化中心，开始了他最广为人知的那段巴黎生活，而这与一个人的竭力推动是分不开的，那就是帕斯卡尔·彼亚。加缪和彼亚1938年在《阿尔及尔共和报》的第一次合作时就彼此投缘，相互欣赏。彼亚比加缪大了几岁，因为很早就在巴黎的新闻圈子里周旋，有很多资源。在他们相识的这么多年里，彼亚一直扮演着加缪的守护者和志同道合的挚友角色。他理解加缪的脆弱，同情加缪的穷困。而加缪也把他当作兄长一样看待，在被迫离开阿尔及尔避居奥兰的时候，加缪给彼亚写信请求帮助，彼亚也不负所托，竭力地帮助加缪。加缪两次来巴黎，都是因为有彼亚的推荐，第一次是帮他进入了《巴黎晚报》；第二次是看了加缪的《局外人》，促成了加缪和伽利马出版社的合作。作为加缪的知己，他了解加缪的性格。他深知加缪绝对不会主动去争取利益，他便又担当起了加缪"经纪人"的角色，和伽利马出版社谈版税，为加缪争取到了最大的利益。在加缪失去工作时，发动朋友寻找诸如森林管理员之类既清闲又养病的工作，以便于加缪的文学创作。他对加缪的付出没有任何目的，纯粹是为了帮助一个文采斐然而生活贫困的好兄弟。加缪感动于彼亚对他无私的帮助，他把《西西弗神话》题献给彼亚。彼亚谦虚地认为，自己做的区区小事配不上这样的回报。可以说，彼亚在加缪的生命中，和热尔曼老师、格勒尼耶老师一样，对加缪有着知遇之恩，扮演着父兄的角色。没有彼亚，加缪的命运会怎样，或许真的很难设想。

岂知世事难料，《战斗报》解散，竟然让两个人反目成仇。谁都说不出他们到底为什么反目。也许，是那个加缪自以为不在乎的"名气"，实际上已经给彼亚造成了一定的压力。在《战斗报》期间，加缪活跃异常，他与萨特等一帮巴黎知识分子圈子里的人交往频繁，写了一些笔锋犀利的社论，被追捧为名牌记者。人心是微妙的，当初，困窘中的加缪求助于彼亚时，彼亚可以慷慨地帮助他，而当加缪的名气超过了彼亚，那么他们之间的相处，就不再是《阿尔及尔共和报》报社的社长和主编那么单纯了。

他们最后的决裂，还是源于政治立场。彼亚和加缪主持《战斗报》报务的初期，独立而自由的《战斗报》可以站出来反对戴高乐所持的全面肃清政策。戴高乐临时政府成立后,《战斗报》沦为了政府的喉舌,加缪借故请了几个月的长假离开报社。随后彼亚从报社不辞而别,据说是去投奔了戴高乐主义者所办的另一家报社去了。

加缪真正在报社里工作的时间并不多,彼亚才是《战斗报》的领导、推动者、主心骨和核心。他把自己全部的精力都投入了报社,他从没有自己的私事,全部心思都放在报社,报社的发展是他最关心的问题。加缪无论如何都是对彼亚心存感激的。后来加缪尝试去和彼亚和解,彼亚没有见加缪,声称自己对重修旧好没有兴趣。

彼亚后来公开地成为戴高乐主义者,两人之间的政治分歧加深,便再也无法和解了。事后多年,彼亚一直对加缪怀恨在心,当初多么想成就加缪,如今他就多想把加缪毁灭。1947 年 6 月《鼠疫》出版后,彼亚雇了一个托洛茨基分子在他们曾经工作过的《战斗报》上,发表了一篇攻击性的评论文章,不痛不痒地指出,《鼠疫》没有进行艺术修饰,暗指小说没有足够的文学价值,更谈不上美学价值。并且对小说里出现的一个句子,找碴地解读为加缪想成为一个"圣人",认为这个提法让人不舒服,加缪没有资格和圣人沾边。多年来,彼亚在默默地关注着加缪的动态,但不再是带着朋友间的情谊。1956 年 5 月加缪的《堕落》出版时,彼亚亲自撰写文章,对于加缪塑造的克拉芒斯作为一个审判者的形象大加指责,他读懂了加缪将自己投射在小说主人公的形象里,讽刺加缪这个充满了文人酸气的虚伪的人没有资格去做审判者。1957 年,在得知加缪获得了诺尔贝文学奖后,他又一次挖苦加缪在获得诺奖之后,便可偿清他欠安德烈·马尔罗的文学债务了。在他的评论文章里,彼亚表示他确实曾经被加缪的才华迷住,他的作品中有一种"极少在

30 岁以下的作家身上找到的、率性直接的语调"。可如今，他已经认为加缪更像世俗的圣徒，再不是他以前见到的那个反抗者。这直接表明了，彼亚把加缪也看作是爱慕虚荣、充分享受名声的俗人。彼亚最后"一语道破"加缪获奖的原因并不是因为他的书写得好，而是加缪的投机主义倾向。因为加缪稳稳地了解了瑞典文学院的喜好，加缪作为世界公民、和平主义者、慷慨激昂的请愿书的签署者、公开的死刑反对者，已经相当引起世人的注意。而加缪以其最近的作品和刻意标榜的立场，不可能不获得斯德哥尔摩的欢心。彼亚顺带也讽刺了瑞典对和平的执着与热爱也是怯弱和虚假的，因为在德国入侵邻国芬兰和挪威时，这个国家曾让德国军队大摇大摆地通过，而不加以阻拦。

彼亚对加缪的这种仇恨一直持续到加缪离世后。加缪遇难后，在追忆加缪的文章里，有人把彼亚列作加缪最好的朋友之一。彼亚对这篇文章做了嘲讽，并挑衅地把他对此事所做的评论寄给了加缪的遗孀弗朗西娜，被弗朗西娜狠狠地回击，声称到死的时候大家都会清楚自己做了些什么。彼亚也许意识到这次做得有点太过分了。此事后几个月，彼亚在孤独穷苦中离世。

6. 到纽约去

1945 年 9 月，在法国已经是名声响亮的著名作家、戏剧家加缪，接受了美国同行布朗什·科诺普夫夫妇来自纽约的邀请。这次的行程属于两国之间的文化交流。

外界一般都认为加缪和萨特一样是存在主义者。存在主义以人为中心，尊重人的个性和自由。这正符合美国的自由民主精神。对于拥有这种精神的人，是美国情报部门甄选美、法两国文化交流人员的首要条件。再加上加缪对法兰西学院院士这样的头衔根本无所谓，虽然这在法国的知识分子界是最高的身价。但他认为，加入那个群体，就完全失去了个人的自由独立意识，所以他根本不稀罕这个头衔，加缪曾经说过"法兰西学院的死活在我看来无关紧要"。美国的意识形态在这些方面对加缪是放心的。鉴于加缪曾经在新闻界的豪放作风，当局对于美国的邀请无法拒绝，但是要求加缪本人必须确定自己的政治主张，以免作出什么有损法国的不当言行。加缪提交了他去美国的演讲题目和大致内容，"新闻自由的一年"和"为欧洲辩护"，明确地表示不会造成"政治影响"。他在申请美国签证时，按要求他写了书面材料并明确填写没有加入共产党。在移民局他也按惯例宣誓没有加入过共产党，这一举动让知道他底细的朋友惊呆了。但是加缪说，这没有什么关系，因为自己并没有信仰，所以跟上帝发誓当然也是无所谓的。

1946 年 3 月 10 日，加缪搭乘"俄勒冈号"轮船前往美国。这艘轮船是很普通的货轮，没有多少休闲设施，这让在大海上航行的加缪百无聊赖，他在《大海就在眼前》中写到这次海上的经历："天一放亮，我们便起航了。刚一出港，便有一阵阵短促有力的海风强烈地冲击着海面，便掀起了一道道没有泡沫的小浪。稍过些时候，那清凉的海风便在水面上播下一朵朵白山茶，但却转瞬即逝。这样，整整一个上午，船帆便在这个欢快的巨大养鱼塘上被风吹得噼啪作响。海水显得很沉重，泛着白色的鳞片，像清新的黏液。还能不时地听到海浪撞击船艄柱的声音。海神吐出的一片苦涩而滑腻的泡沫，在甲板上流淌，然后便流到海里，随即海水便把它们冲得忽隐忽现，看上去像蓝色和白色的脱毛乳牛，显得疲乏不堪，但还能在我们船后漂浮很长时间。"[①]

他还没有到美国，已经对美国产生了很多好奇的想法了，此时的状态，和弗兰茨·卡夫卡笔下的卡尔·罗斯曼很接近。卡夫卡从来没有去过美国，他在小说《失踪者》里虚构了一个故事。16 岁可怜的卡尔·罗斯曼被父母送往美国。当他乘坐的船只徐徐驶入纽约港时，他一眼就看见了那座久已受到注目的自由女神雕像，它矗立在突然强烈起来的阳光下。女神持剑的手臂像是猝然伸向天空，她的身躯周围吹拂着阵阵清风。加缪读过卡夫卡全部的作品，他的《局外人》里，就被马尔罗看出了有卡夫卡的影子。现在，"俄勒冈号"就沿着卡夫卡为卡尔·罗斯曼设计的踪迹在缓缓驶向纽约。加缪注意到，自由女神手上拿的是火炬，而不是卡夫卡臆想出来的剑。加缪看到的远方，是在雾霭中矗立在曼哈顿的

---

①柳鸣九主编：《加缪全集》，散文卷 II，272 页，上海，上海译文出版社，2010。

摩天大楼。面对所看到的东西，他都没有被打动，心情平静、淡漠。加缪对一切新鲜的事物，不管是人，还是某个地方，都保持最初应有的警惕。

初来乍到，加缪被眼前所看到的一切搞糊涂了。他写信给他最好的朋友米歇尔和雅尼娜，说到纽约城市里的 800 万"野牛"（他对美国人的代称）光怪陆离的生活方式，是人力所不能及的事。在这里，行驶着 102000 辆绿色、红色、黄色的，被昆虫学家称为"甲壳虫"的出租车，这些"甲壳虫"停下来，又开走，像训练有素的蚂蚁一样在大街上穿梭。他形容纽约的城市警察，是 252000 头穿戴得像歌剧里的将军或元帅似的"野牛"站在建筑物的门口，一些吹着口哨拦下"甲壳虫"。搭乘那个被《圣经》注释者们叫作"升降机"的电梯，在高层建筑里上上下下的体验，也让加缪感到很奇特。加缪对这一切先进事物感到很好奇，却又强作镇定地用讽刺的手法来故意轻慢美国，以保持作为一个欧洲人的骄傲。

加缪对纽约的印象是矛盾的，这让他感到困惑。他陷入在类似于：在别的地方，只需要一个人时却雇用 10 个人，服务速度还没有真的加快，这样的情况是否正常？捡垃圾的人戴着裁剪上佳的手套，是一件值得赞赏的事还是无关紧要？这些看似很矛盾且让他思考不明白的问题，最终他也不能很肯定地判断美国人到底是什么样的人生态度。他对美国人的生活习惯与法国的差异感到很有意思，之后的二个月里，他在没有做演讲和学术报告的时候，喜欢在纽约到处闲逛。美国人日常生活中的小事都让他关注，毕竟这就是新兴资本主义国家和老牌资本主义国家的区别。这里的人凡事讲究便捷、奢华，完全没有欧洲人的内敛、优雅。

而优点是，这里确实很自由，办任何事情没有那么烦琐的手续。

美国方面的人，先让加缪在纽约好好地体察了一下美国的先进和民主，削弱一下这个自以为是的来自法国的派头。3 月 28 日，加缪在美国著名的哥伦比亚大学进行了一次演讲。他开始和大学生们聊起了本来拟定的话题——文学、戏剧和哲学。加缪就个人写作经验对时下流行的文艺现象进行梳理。他说到这一时期的文学反对行文清晰、完整的叙事甚至是完整的句子；绘画没有主题，摒弃真实性和画面的和谐；音乐放弃了优美的旋律；至于哲学，则告诉大家没有真实，只有现象……这些话题都在加缪给法国政府的目录之内。而当一个美国学生问到"是否有一场人类危机"时，加缪便终于忘记了他对法国政府的保证，又开始说到了战争，说到了学生们最想听的话题。加缪自己的祖国曾被德国占领，全体法国人的言论自由甚至生命都随时受到威胁。说到战争，他肯定是拿德国人来说事。面对希特勒的暴行，他希望大家都要觉醒，不能抱着宿命论的想法得过且过。他谈到在法国存在主义和超现实主义者思想对社会的危害，导致一代人认为任何一个对人类的生存和发展环境有信心的人都是疯子。他强调，如果这么说的话，那么对任何一个发生的事件感到灰心失望的人就是懦夫。他表示很尊重美国对自由和幸福的热爱，美国人和欧洲人最根本的区别就是自信心的问题。他不失时机地在热情高涨的学生们面前赞扬了美国的自由和民主。这让挤满了阶梯教室的近 700 名大学生对他报以持续热烈的掌声。结合美国人曾为法国战争孤儿筹集善款一事，加缪对美国人也给了一个良好的评语：他们的好客和诚挚都发自内心，不刻意、不矫揉造作。这是他们身上最好的品质。

从小学时，加缪就有着在众人面前表现自己的欲望，曾因在班级出风头还挨过一个同学的拳头。一个人的性格养成了就很难改变，成年的加缪历尽沧桑，对于演讲依旧非常投入。在美国巡回演讲期间，刚开始因为不知道大家的口味而拘谨，到后来则完全地自由发挥，脱离了演讲稿，回答听众的提问机智而又幽默。他强调美国与法国之间的大学生应该互相交流，将世界的距离缩小。加缪立刻在美国的大学生中火了起来，受到心态开放的美国学生们的拥护。

加缪在美期间，1946 年 4 月 11 日，美国出版了英译本《局外人》，这是继加缪大学演讲之后在美国掀起的又一轮热潮。结合加缪在美国期间的出色表现，一时之间，报纸、广播都在谈论着法国作家加缪。加缪受到了前所未有的爱戴。美国的《先驱论坛》上介绍加缪是"今日法国最勇敢无畏的作家"，报纸提到了《局外人》和《西西弗神话》。大胆开放的美国女人们簇拥着加缪，加缪对此很受用，他写信给米歇尔宣称发觉自己很有演讲天赋，受到美国女人们的追捧。《时尚》杂志的姑娘们毫不掩饰对加缪的喜爱，因为帅气，加缪被她们称作"年轻的汉弗莱·博加特"（美国著名电影明星）。加缪甚至得意地说，只要他愿意，就能拿到一份拍电影的合同。美国男人们也喜爱才华出众的加缪，甚至有人自告奋勇地要将加缪的《卡里古拉》《误会》以及以后加缪所有的戏剧，搬上美国的舞台。美国人很欢迎加缪。

在和《时尚》杂志社的主编杰西卡·戴夫见面时，加缪认识了芳龄 19 岁的女撰稿人帕特丽西亚·布雷克。帕特丽西亚美丽温柔，不仅家世好，自己也很优秀，在美国最好的女子大学学习，并且是几家刊物的自由撰稿人。加缪十分喜爱这个聪明有才气的典型的美国女孩，尽管他们的年龄差距足以让人说闲话。帕特丽西亚和加缪的行为意识，与他们的年龄正好相反。加缪来了纽约后，喜欢热闹，总是想让帕特丽西亚去夜总会那样的地方跳舞；而帕特丽西亚喜欢安静，只希望和名作家加缪多探讨一些关于文学艺术方面的事情。加缪在年轻美好的帕特丽西亚面前，有点畏惧年龄和死亡了。

狂热过后独处时，加缪依旧觉得孤独。从 3 月 28 日开始的巡回演讲，一直到 5 月 1 日才结束。无聊的记者会，与青涩的年轻大学生对话，都有着很多问题来攫取他的精力。过度的劳累，导致他的肺结核又发作了，他经常浑身大汗，发着烧。在异域的旅馆里，孤独的加缪想念他的祖国，想念在法国的一切。

在一次越界对加拿大蒙特利尔的访问途中，加缪突然就对美国厌倦了，他对这个国家的好奇心突然停止了。就像他不做解释就疏远某些人一样，而且从此再没有兴趣。虽然美国还是他刚见到时那样生气勃勃，有他追求的自由和民主，但是他再也没有当初的兴奋。没有人知道在去蒙特利尔的路上发生了什么。去加拿大访问是早就定好的日程，但是还没有完全出纽约州，加缪就想回去了。在旅途中，他们住宿在阿地伦达深山中的一栋孤零零的老房子里，这里夜深人静，四周只有蟾蜍、小鸟和蟋蟀的叫声里，他默默地想念他的美国新欢帕特丽西亚，他懊恼不应该离开她。这段旅途让他感到不愉快，他说到自己不该为了不让别人失望而迁就。到底加缪认为什么违背了他的意愿而说到"迁就"，他没有告诉任何人。

加缪刚刚离开的那个巴黎刚经受过一场战争浩劫，疲惫不堪、破败萧条；而他正在访问中的纽约，整个城市洋溢着一种自信，呈现着祥和欢乐的景象。一个从法国来到美国的、有着敏锐观察力的作家，他能看出巴黎和纽约之间鲜明的对比。他曾对路易·热尔曼提起美国时表示，这是一个伟大的国家，强大、尊重自由，但是对很多事情一无所知，尤其对欧洲一无所知。也许，他对美国的失望是，他试图去了解这个新兴的资本主义国家，而这个国家对他的祖国丝毫不感兴趣。

他自己没法准确地说出对美国的感觉，在后来写美国之行的文章中，他用了很长的篇幅来回忆纽约。到目前为止，他对纽约还是没有一个准确的概念，可是这个城市依然既令他烦恼，又吸引着他。他最后总结说纽约与奥兰相似，这其实是一个轻微的否定。因为奥兰是他被迫避居但一直都不喜欢的城市。虽然奥兰比阿尔及尔更美，但是那个地方不是属于他的，很多的东西和加缪有着隔阂。他拿奥兰来比喻美国也正是这个用意。

他没有按照其他的访问者，如在他之前访问美国的萨特和后来的西蒙娜·德·波伏娃那样，说些笼统的套话，写美国的经济如何发达，说美国的社会如何民主。他不愿意在文章里高声称颂这些显而易见的优点，用这种简单有效的方法取悦肤浅的美国人。萨特在访问美国后，而转眼在法国遇到美国记者的时候，就谴责他的美国身份，称美国是自由的敌人，并写出了《死无葬身之地》和《可敬的妓女》两个旗帜鲜明的反美剧本。这种行为很让加缪反感，声称自己不会像萨特那样，喝光了别人送过来的汤，然后往盘子里吐口水。他和蓬塞谈起他的美国之旅，他表示他在美国任何地方都受到热烈欢迎，在任何地方都可以完全自由地表达自己的观点。这是让他感到很欣喜的地方。因为在法国，他吃够了没有言论自由的苦头。但是真的要说纽约如何好，也不容易。对于这座城市，他只保留着这些强烈的但转瞬即逝的感情，他承认，在美国，他有急不可待的思乡之情，让他分分秒秒地痛苦着。

加缪在美国总共逗留了 93 天，几乎是整整一个春季，是他一生中待在法国境外最长的一次旅行，由开始的好奇，到最后的突然失去兴趣，急切地想回法国。这段旅行给作家最后的感觉是，也许人们需要有些背井离乡的日子才更体会家乡的好，就如他在航海日记中写道："在纽约，有那么一些时日，我便沦落在这个用水泥和钢铁造成的大井的深处，在那里，有几百万人在漂泊游荡。我从一处奔到另一处，却找不到尽头，我已然精疲力竭，于是只好到正在为自己寻找出路的人群中去寻求出路。我几乎被窒息了，惊慌失措中几乎要高声呼喊。每当此时此刻，便听得身后远远地有一声呼唤，这声呼唤告诉我，这个城市、这个干涸的大蓄水池，只不过是一个小岛，在巴特厘塔的顶端，我洗礼的圣水正在等待着我，污黑、腐败，上面用空心软木所覆盖。就这样，一无所有的我，已经把自己的命运交给别人，并且虽然有那么多的房屋，却在外边露宿，但只要我乐于这样，便感到很为满足，我随时都在准备着漂洋过海。我不懂什么叫绝望。"①

美国访问回来后的加缪，身体渐渐康复，心理却在遭受着折磨，他无法找回平衡。此次的美国之行给了他很大的冲击，他产生了对一切都厌倦的厌世情绪，甚至对他的作品也感到怀疑。经过一些天，他努力调整好情绪，接下来，他全力进入了《鼠疫》的扫尾工作。

---

①柳鸣九主编:《加缪全集》，散文卷 II，273 页，上海，上海译文出版社，2010。

第五章

人们

我们很少信任比我们好的人，宁愿避免与他们来往。

相反，我们常对与我们相似、和我们有着共同弱点的人吐露心迹。

——《局外人》

1. 反抗者

《鼠疫》的成功，使加缪在法国文学界声名大噪，但毫不例外地也受到了一些攻击。加缪再也不想介入这些社会争端，一心想离开巴黎，哪怕短暂的旅行也是好的。1949 年 6 月，加缪愉快地接受了法国文化部的安排，到南美举行一次巡回演讲。南美地区基本都还处在极权主义时代，毫无自由之说法，在演讲之前，总有人一再提醒加缪，演讲的内容不可以涉及敏感话题。在经历过最初两次有点沉闷的演讲后，加缪终于明白了，他这次南美的巡回演讲，不会像是在美国可以任意发挥。加缪写信给米歇尔夫妻时，戏称这次"是去服苦役的"。鉴于形势之必须，加缪不再坚持他的既定演讲题目"关于现代世界的精神危机（暴力的困扰或我们的其他凶手）"以及"小说与反抗"等。

这里没有多少人读过加缪的书，所以他没有受到民众的簇拥。他在享受国家贵宾的待遇中，完成着他的文化交流义务。在官方举办的演讲以及新闻发布会，加缪神态自若，侃侃而谈，表现得很自信。他知道自己的魅力所在，能让听众们着迷。所到之处，加缪成了新闻人物。

南美的闷热潮湿气候，让加缪并不太适应。他出现了持续发烧和短促咳嗽的症状，他知道自己的肺病又复发了。他在手记里记录的是：又得了感冒，发高烧，这次好像有些严重。情况越来越不好了。半个月后，他的手记里甚至出现了症状特别严重，想要去死之类意志涣散的句子。

尽管肺结核发作得很厉害，加缪还是强撑着完成了他的南美巡讲。

两个月的行程结束后，加缪的状态非常不好。肺结核复发的严重性，让医生立刻禁止他再做任何事情，包括写作。因失眠而患了轻微抑郁症的加缪以为这次大概真的不行了。但是，他的伟大的作品还没有完成呢，那段时间，他正在为哲学随笔《反抗者》冥思苦想。加缪看不到生的希望，几乎要崩溃了。他在手记里记下了 1949 年 9 月，他患病最严重时的心境，他认为他的生命是他现在必须要努力追求的东西，不在乎虚名浮利，只是不想成为一个绝境中的人。身体一直不见好转，他沮丧地看着绝望在一步步地逼近。

他花很多时间沉浸在阅读里，阅读霍桑、雪莱、济慈——他们也是结核病患者，还有托尔斯泰和梅尔维尔、费希特、司汤达等名家的书。这是他和病痛对抗的手段之一，从他高中时期第一次因肺结核病倒时，就养成了这个习惯。看些同样是患病或者是有苦难经历的名作家的书，从中汲取生存的力量，以战胜让他痛苦的病魔。

经过医生的治疗，也依靠着他对生的强烈渴望的支撑，他又挺过来了。

患病休养的这段时间，他虽然遭受着身体和思想的压力，但好处是，他理清了《反抗者》的思路。

身体刚一好转，他就从巴黎回到了尚蓬，那个能让他禁欲的风景优美的乡下，开始了他的写作计划。他庆幸自己又一次从死神身边逃离，对疾病心有余悸的他，知道时间对自己的重要性。他在手记里写下了他从威胁艺术家的危险中幸存了下来，心存感激与满足。

加缪给自己定了个非常紧凑的时间表，仿佛在和上帝抢时间：

9：00 起床，阅读黑格尔的作品并做笔记直到 11：00。散步至 12：30。吃午饭。1：30 到 2：30 午休。处理邮件或锉指甲直到 4：00。4：00 到 8：00 及 9：00 到 10：00 半写《反抗者》。上床。阅读蒙田的作品。睡觉。计划订得很详细，不过他并没有按照那个计划执行，他每天都沉浸在写作中，根本没有时间去锉指甲。当他的朋友吕西安·贝尼斯蒂顺道去拜访他的时候，发觉加缪神情非常疲惫，他像生活在修道院里的苦修士一样辛勤地工作。

1951 年 3 月 8 日，加缪终于从《反抗者》中挣脱了出来，这部哲学著作完成了。此时天刚蒙蒙亮，熬了一夜的加缪丝毫没有睡意，历经这么多天的艰辛写作，书稿终于完成了。

在这本书里，他体会到了什么是真正的"自由创作"，那就是为了那个时代每一个人的利益，他不再顾忌那些人们习以为常的客观或者"礼貌"，对各种反抗理论和反抗形式进行了梳理，他描述了那些将渴望自由的本能转变为一种对谋杀的辩护，描述了那些以历史的名义施行的奴役，指出这其中的种种歪曲、幻想和蒙骗。这本书是他全部抱负、理想和勇气的结晶。

在书没有出版前，加缪一再审视自己的手稿，内心做了很多次挣扎。他没有想象中那么高兴和轻松，却反而隐隐有着一丝患得患失的感觉。他在给玛利亚的信中就说道，他对于出版这本书感到了几分犹豫。他对自己的这本《反抗者》既充满希望，又十分不自信。他预感到这本书的出版，对于他的价值起着决定性的作用。这本书如果成功的话，就可以以它的方式对这个时代产生重大影响，它的精神一旦被人们接受，那么加缪将达成自己的理想。他清楚自己目前的状况，他这个时候是一名大作家了，他应该利用自己的名声对当代的思潮作出一定的影响。但是另一方面，他又非常怀疑它会不会成功。他一直认为自己不具有写作的天赋，却总是向自己提出超出自身能力的任务，这使他生活在持续不断的努力中，向自己确立的目标艰难地靠近。同时他也明白，如果他在书中大胆的思想不被大家接受，那么他将被攻击得体无完肤，他对自己未来的处境感到恐惧。

加缪从尚蓬动身回家之前，写了一封信给弗朗西娜，表明自己的决心，这些是他不得不做的事情，希望所有支持他的人，会明白他的努力和苦心。加缪认为，作为一个有良知的作家，一定会承担起拯救社会的道德使命。这本书仿佛就是他的使命。尽管预想到出版的后果可能并不会好，但如果他不说出自己想说的，不做出自己想做的，那么人生还有什么意义。

他把《反抗者》手稿拿给让·格勒尼耶老师一起讨论。虽然加缪在《反抗者》中笔锋犀利、无所畏惧，但格勒尼耶老师感觉到加缪的底气不足。和加缪一样，实际上他们都已经预感到离经叛道会带来的后果。格勒尼耶老师在《反抗者》手稿中读到了加缪对当时最流行的左派思想以及相关的人进行的评论，于是，在两人的谈话中，格勒尼耶老师告诉加缪，书中的很多观点与右派的观点很相似；不够含蓄，在书中直接提到了很多思想家的名字，比如被大家奉为旗手的萨德和洛特阿蒙等人。他提醒加缪会因《反抗者》招致很多的敌人。加缪沉默了一会儿，坚定地说，那也只好如此了。一定要将想说的话说出来。在政治问题上他无法接受奉承讨好的说辞，谁也不能让他颠倒黑白。加缪感谢老师最真诚的善意，他将这本书题献给他的老师。

　　加缪对手稿又进行了润色，于 1951 年 7 月 12 日将一份校对过的打字样稿寄给他最信任的朋友勒内·夏尔。因为这书中的很多思想是他和夏尔一起探讨过的，所以在给夏尔的信中，他称呼这部手稿为"我们共同的希望"。加缪这本书写得确实太尖锐了，连夏尔都被他的勇气惊呆了。他告诉加缪，读了《反抗者》让他充满活力，精神焕发，变得更强大。但夏尔对书中对超现实主义先驱的蔑视和攻击保留了意见，毕竟夏尔的诗在青年时期很大程度上受到超现实主义的影响。

　　《反抗者》在正式付印之前，加缪选取了一些片段在《南方手册》上发表，这是一个试探性的举动，以观察大众对此的反应，不出所料，被加缪在书中点名的安德烈·布勒东第一个出来反驳加缪，责问加缪所说的反抗到底是什么？并且嘲笑当加缪狂妄到竟然攻击比他强一千倍的事物时，人们无法保持平静。他所指的是加缪书中所点名的洛特阿蒙，这也证明了夏尔的担心。而加缪神态安详地回敬布勒东，说他所努力的重点，就是说明虚无主义正是造成屈服和卑躬屈膝的原因所在，它和真正的反抗所给予人们的历久弥新的教诲是格格不入的。《反抗者》引发的口水仗，很快地让政治家们和哲学界、文艺界不得安宁了，这潜在的也是给加缪的新书做了一次有力的推广。1951 年 10 月，《反抗者》全面发行，即刻受到狂热的追捧，一个月内两次重印，接着又重印了四次。该书开始四个月的销量就达到 60800 册之多。伽利马出版社赚得盆满钵满，而等待加缪的则是前所未有的攻击。

　　虽然加缪不确定自己是不是能抵抗住，但他早就有所准备，他曾在新书出版前数日，在和朋友分别之际，不无幽默地伸出了手："让我们握握手吧，再过几天，就没有多少人愿意向我伸出他们的手了。"其实，加缪也有支持者，但只是太少了。除了老师格勒尼耶的担心和夏尔的鼓励外，他也收到了不少私人的、令人感动的祝贺。与卡夫卡、穆齐尔、布鲁赫并称为"中欧四杰"的波兰作家维托尔德·贡布罗维兹，在被迫流亡南美时有一种被窒息活埋的生存感觉，在读完这本书后，托加缪的朋友波兰诗人切斯瓦夫·米沃什给加缪寄去他自己的作品，表达了他与加缪休戚与共的决心。

加缪的《反抗者》以欧洲为范围，对"反抗"的"态度、企图和成果"进行了一番历史的考察。关于"反抗"的概念，加缪已酝酿了很久。之前，在《局外人》《西西弗神话》和《卡里古拉》中，加缪阐发了"荒诞"这一概念，但如何面对"荒诞"的世界，一直是加缪所关注的。小说《鼠疫》和随笔《关于反抗的思考》，开始了探索"反抗"的思想。加缪"感兴趣的不是荒诞的发现，而是其后果"，"荒诞"是对世界的一种认识，而"反抗"则是对"荒诞"世界的积极行动。发现了荒诞，只能说明人的清醒，只有进行反抗，人才真正地进入了生活。人类的历史和现状表明，反抗就存在于荒诞的发现之中，荒诞和反抗同为不可置疑的"我思"，所以，加缪说："我反抗，故我在。"关于这个主题，加缪经过了许多年的思考。

加缪认为，人类在精神上有追求美好的意愿，从而产生有共同的理性需要。而这些美好的东西，在荒谬的现实中是无法实现的。《反抗者》的观点是：在荒诞的环境中，压迫具有反人性的性质，从而导致必然的"反抗"，反抗意味着人性的存在。但"反抗"有一个原则，它必须是"正义"的。任何一种反抗都必须建立在"正义"的基础上，必须要保护人的所有基本权利，只有这样才是理性的，"正义"则是人类理性的守护神。如果"反抗"违反了人性，超越了"正义"界限，就失去了意义，导致了虚无主义。加缪认为，反抗行动不能沦为新的压迫，即不能使用暴力，在这个界限之内进行反抗的人，才能称作"反抗者"。因此，他坚决反对使用暴力来"反抗"。革命时如果使用暴力，是反抗压迫的越界，制造了新的压迫，与人类理性相悖，因此是"虚无主义存在"，是"非理性存在"。基于这个认识，加缪反对苏联的革命方式，因为使用暴力，剥夺生命，从而突破了反抗的界限。从历史角度观察，不断的压迫引发不断的暴力，使人类追求美好的愿望和理性无法实现，才是真正的虚无主义。有人说《反抗者》的观点是虚无主义，而加缪恰恰认为，自己正是与虚无主义者在进行论战。

《反抗者》宣扬"理性""纯粹"的反抗，反对革命过程中的暴力，对普遍意义上的革命尤其是苏联和法国的革命提出了富有创见的质疑，这是这部著作的核心与灵魂。他在《反抗者》中表达了一个与当时社会思潮完全相悖的道德规范，这在当时是一次勇敢的行为。他曾经和别人的通信中说到一个现实的问题，人们普遍把革命当成了信仰，这是很可怕的。因为革命即使在成功的时候，也仍然向我们展现出恐怖的一面。革命既不是目的，也不应该成为信仰的对象，它是服务于正义和真理的一种方式。如果革命没有为其目的服务，正如当前显而易见的那样，那么就应该承认并说出来。他彻底揭穿了政府解释的法国革命的实质，谴责了它的血腥性，阐述革命最终会创造它们自己的暴政。无论前方等待的是怎样不可未知的危险，加缪始终抱着不吐不快的心态，写出了这本书。因为终于卸下了重负，他有理由感到快乐。

巴黎各种宣传媒体纷纷发表评论文章。安德烈·马尔罗也肯定了加

缪在《反抗者》中提出的主题，他在伽利马出版的《寂静的声音》一书
中提出，阿尔贝·加缪的光芒完全盖过安德烈·布勒东甚至超现实主义
鼻祖兰波。盖埃诺在《费加罗报》上刊文肯定加缪提出了一个伟大的主
题，而这个主题来自加缪的纯净、来自他的真实的苦痛，来自他对这个
时代的卑下和伟大的深刻感知。断定加缪是"走在一条大道上"。就连
左翼知识界中的一些人，那个加缪曾经为之奋斗过的《战斗报》上发表
的两篇关于《反抗者》的评论，虽然有所保留，但是总的调子是积极友
善的。在各种月刊给予《反抗者》的评论中，虽然批评的声音较多，但
是大家好像都有点顾忌加缪的声誉，还不算太激烈。而加缪在等一个对
他来说最重要的声音，那就是来自萨特的《现代》杂志的评论。萨特和
加缪在巴黎知识分子的圈子里私交很好，彼此相互欣赏，但是他们一直
存在着哲学理念和政治观点的分歧。

2. 萨特和加缪

萨特与加缪总是被人们并列提起。他们被称为20世纪法国存在主义哲学的双峰，是"二战"之后法国文学乃至世界文学的领军人物，两人先后获得诺贝尔文学奖。不仅如此，更重要的是，他俩曾经是很好的朋友，却终于因在哲学和政治观念上有不同见解而交恶，导致分道扬镳。

让-保罗·萨特（Jean-Paul Sartre，1905—1980年）出生于巴黎一个海军军官家庭，与加缪相比门庭显然显赫多了。毕竟，加缪的身世属于下层社会，他是在法国殖民地阿尔及尔的贫民区长大的。唯一与加缪颇为相似的，萨特也是幼年丧父，在他15个月大的时候，父亲在印度死于热病。随后，他随母亲寄居在外祖父家。外祖父是位著名的语言学者，家中有很多藏书，所以萨特从小就读到大量的书。更重要的是，萨特因为从来不必为生活奔波操劳、担惊受怕，便养成了专心读书的良好习惯。幼年优越的读书环境，为萨特的成长提供了坚实的基础条件。中学时代，他开始接触柏格森、叔本华、尼采等人的著作。1924年，19岁的萨特顺利考入法国最高学府巴黎高等师范学校，这所学校被人们称为"哲学家摇篮"。他选择了攻读哲学，并顺利获得学位。萨特在全国中学哲学教师资格考试中获第一名，获得第二名的是女生西蒙娜·德·波伏娃。这位后来与萨特结为终身伴侣的女哲学家，对萨特矢志不渝的支持和理解是不可忽略的。1933年，萨特赴德国柏林法兰西学院进修哲学，接受胡塞尔的现象学和海德格尔的存在主义。回国后，萨特开始陆续创作和发表了大量的哲学著作及文学著作，这些作品逐步形成了萨特的无神论存在主义哲学体系。1943 年秋，其哲学巨著《存在与虚无》出版。1964，瑞典文学院决定授予萨特诺贝尔文学奖，却被萨特谢绝了，他的理由是他不接受一切官方给予的荣誉。1980 年 4 月 15 日，萨特在巴黎逝世，约 6 万人自动去参加他的葬礼。法国总统德斯坦说，萨特的逝世，"就好像我们这个时代陨落了一颗明亮的智慧之星那样"。

加缪与萨特两人在认识之前神交已久。1938 年萨特发表了小说《恶心》，当时还在《阿尔及尔共和报》的加缪，对文学评论兴趣盎然，他出于对巴黎文化界名人的尊重，选中了萨特的《恶心》，花了很多时间来思考这部小说，在《恶心》的主人公身上，他看到一种"最根本的荒诞性"。于是，他写了一篇虽然有褒有贬但热情洋溢的评论。他盛赞这位"萨特先生"出色的才华，看到了作者身上"无限的天赋"。"我们所认识的萨特先生毫无疑问是一位第一流的哲学小说家"，他说，《恶心》是"一个我们可以寄予全部期望的头脑"写出的，"我们急切地期待着他带给我们新的作品和新的教谕"。他在给朋友的信中也提到萨特的《恶心》，他惊喜地发现这部小说与他自己身上的某个方面太相近了，不过那个方面恰好是他想要与之斗争的。

那段时间，萨特让加缪着迷。紧接着，加缪又写了萨特中篇小说集《墙》的评论。同样地，加缪对《墙》的评论也有很多保留。加缪在评论《墙》时，向萨特强有力的文学独创性表示敬意，但是对萨特作品中的形而上学和道德基础则持保留意见。加缪和萨特都在思考世界的荒诞性问题，但思考的角度有所不同。加缪想要超越荒诞，在他看来，萨特小说中的人物"到达自身的极限后"，在荒诞问题的认识上没有再深入下去。

1942 年加缪小说《局外人》发表后，萨特也在一本名叫《南方杂志》的刊物上，以洋洋洒洒两万多文字给予《局外人》高度赞赏。《局外人》的主题是人类生存的荒诞感，那些无奈和孤独，使得小说有了深沉的哲理。它流露出的存在主义哲学观念，与萨特不谋而合。加缪笔下所描述的人物和事件，简直就是荒谬的典型，萨特难以掩饰发现同道的喜悦。萨特被《局外人》的独创性所打动，他盛赞这部作品。此时的萨特对加缪尚不了解，应该还没有读过加缪评论《恶心》和《墙》的文章，因此他不能肯定"这是否是作者的原意"。

20 世纪中叶法国两位伟大的文学家、哲学家，通过彼此对人生的思考并诉诸文字而在精神上相遇了。

加缪去巴黎后，1943 年 6 月，观看了萨特的三幕剧《苍蝇》的排演，他们一见如故，很快成为好友。他和萨特、波伏娃以及他们的朋友，准备携手开创一番事业。萨特排演《禁闭》，让加缪担任导演，并扮演剧中的角色。他们在加缪寄宿的旅店房间和波伏娃在塞纳街路易斯安娜酒店的房间里排练，或者在出品人奥尔加·巴尔贝扎家里。但几个星期后，因警方怀疑奥尔加参与了抵抗运动，逮捕了她，剧组原班人马被迫解散。而这时，加缪和萨特，已经成为法国知识分子圈子里的一对挚友。加缪和萨特、波伏娃等朋友经常在一起喝咖啡、聊天，也免不了喝酒嬉闹。加缪在巴黎文人圈子的名气也随之响亮了起来，萨特年长 8 岁，他表现出兄弟般的情意，从不以师长或保护者自居。他们两人谈哲学、谈文学、谈艺术，也谈女人，彼此惺惺相惜。萨特对加缪欣赏有加。连波伏娃都感到困惑，觉得萨特对加缪的才能和个性过于着迷，就像她自己被加缪的魅力所吸引一样。很快，波伏娃都开始有点忌妒加缪了。

随着纳粹德国在战场上的节节败退，法国地下抵抗运动也逐渐开展起来，在加缪的邀请下，萨特加入了地下抵抗运动。1944年，加缪创办《战斗报》，萨特则成为该报的重要撰稿人，他们共同用笔杆来对抗法西斯，继承着法国知识分子介入政治的传统。

但由于出身家世、人生阅历和所受的教育不同，他们在艺术、哲学和政治观念上都存在着差异。这在他们最初互相评论时，已初露端倪。1944年8月25日，盟军从德国人手中夺回对巴黎的控制权，巴黎解放。萨特在《战斗报》发表了《起义中的巴黎漫步》，加缪还特地让萨特的名字以粗体字出现在报纸头条。但从这时起，他们在认识问题上的分歧，也逐渐表现出来。

第二次世界大战结束后，西方知识分子面对两种选择，即以苏联为首的社会主义和以美国为首的资本主义。当时，成为一个"左派"是知识分子中的潮流，但加缪对一窝蜂的"左倾"不以为然，他认为，极权专制的苏联是不正义的。加缪所坚持的道德主义和他对斯大林主义的批判，与萨特的思想发生矛盾。他们经常会在一番对话中发表相左的观点。萨特认为，站在美国一边反对苏联或者站在苏联一边反对美国，必须要作出选择，加缪却没有这么执拗，他对苏联和美国都保持着距离。萨特越来越相信历史唯物主义的历史决定论，相信未来会发生革命，革命的成败是由人类历史的基因设计好的。加缪不同意这个看法，认为这是对自由的否定。萨特和波伏娃把加缪说成是"资产阶级理想主义的最后堡垒""缺乏政治思维所需要的谨慎和气魄"。尽管如此，萨特和加缪没有因为政治观点不同而疏远了朋友关系，这还不足以破坏他们之间的友谊。他们仍然会经常地举家去酒吧、咖啡馆或者餐馆里见面、吃饭，然后跳舞。他们也曾努力回避讨论一些问题。在《反抗者》写作期间，加缪曾将他的观点与一些朋友探讨，征询朋友的意见，但他避开了萨特圈子里的人，以免引起争论而招致干扰。

直到 1951 年 10 月，加缪的《反抗者》正式发行，在沉寂了几个月之后，作为知识分子"左派"领袖的萨特，开始以其主编的《现代》杂志为阵地发起论战。他们公开论战激烈地进行了一年，终于按捺不住，宣布绝交，反目成仇。这场公开论战导致了加缪与萨特等左派知识分子的彻底决裂，成为 20 世纪法国乃至世界知识界影响最深刻的争论之一。

《现代》杂志在 1952 年 5 月的"专论"栏目中，首先刊载了弗朗西斯·让松的长篇评论，文章标题为"阿尔贝·加缪或反抗的灵魂"。之前，加缪和萨特还曾遇到一起，两人在街边一边喝着酒一边聊到《反抗者》的反响。萨特很为难地对加缪说，《现代》杂志准备进行对《反抗者》的评论，可能不会站在他一边。两个月后，让松的文章出炉了。据波伏娃的说法，萨特原来是希望发表一篇立场坚定但不失礼节的文章的。而让松的文章长达 20 页，情绪激动，言辞十分激烈。充满了责难和攻击性。让松首先发难，他指名道姓地把埃米尔·昂里约、让·拉克鲁瓦、布尔代等人所发表的支持加缪的文章，归于加缪本人的指使。紧接着，让松便开始了不加掩饰的攻击。他从加缪上一部出版的《鼠疫》开始，一直批评到《反抗者》，他认定作者的意识形态有缺失。《鼠疫》被指是一部"形而上学的小说"，是居高临下地、从脱离了具体境况的主观性出发来叙述事件，这一主观性并不体验事件，而是限于静观它们。他借《鼠疫》讽刺加缪不参加到革命阵线里，却提倡所谓的反抗精神，是一种自私的表现，是怕弄湿了自己的鞋子。他带着激情倡议，加缪应该全身心地参与到历史当中，并且明确自己的目标，才能对世界的进程产生影响。他指责加缪的反抗是故作姿态的反抗，对加缪大加鞭笞。针对加缪书中认为一些革命者是打着革命的旗号为自己谋得私利的说法，让松轻蔑地称加缪这个"随笔作家"具有含混的人道主义，而这不过是无政府主义的抄单。他断言加缪的作品说明了他的确负载了一种伪哲学、一种关于革命的伪历史观。让松最后总结道："《反抗者》是一部伟大的失败之作。"弗朗西斯·让松是萨特的追随者，他后来撰写了《存在与自由——让-保尔·萨特传》。无疑，这篇评论显然尖刻胜过友善了。

有人认为这是萨特蓄谋已久并授意的，加缪当然也有这种感觉。并且，在加缪看来，杂志的主编应该为刊载的文章负起连带责任。于是，加缪沿袭自己给报刊撰文的习惯，依然以"主编先生"开头，给《现代》杂志寄去他的答复，即后来以"给（现代）杂志主编先生的信"为标题的那篇长达 17 页的著名文章。

他直接向"主编先生"说，自己已厌倦了"那些与这个时代的一切进行战斗的老战士"，因为这些人在摆放自己的座位时"总是顺应历史的方向"。这让萨特很气恼。加缪选择了一种很有尊严的笔调反驳让松说到的右派和左派的问题，那就是人们不能根据一种思想是左派的还是右派的来确定其正确与否，左派和右派都不能决定一种思想是否是真理。在当时的世界格局下，加缪还敢这样表白："如果我觉得真理在右边，那我就站在右边。"这种勇气不是人人都能有的。所以，《反抗者》在问世之初，同时受到共产主义、存在主义、超现实主义和基督教的指责，知识界右翼的附和也掺杂许多的不怀好意。

事态已至此，萨特也不得不登场了。他写了一封公开信《答加缪书》，他的回答兼有个人的意气和实质性的批判。文章一开始，萨特表现得很温和，显出他的老练。即使加缪很不客气地将他称为"主编先生"，他仍然以"亲爱的加缪"开头，他说："我们的友谊来之不易，我会想念它的。如果今天你要断绝它，那无疑意味着它应该被断绝。""我宁愿看到，我们目前的争执都是理念上的，其中不掺杂任何源自受伤的自尊心的怨恨。"然后话锋一转，"不幸的是，您把我牵扯进去，而且语气是这样决绝，以至我无法再保持沉默，否则那和懦夫何异。"随后，萨特用语开始尖锐，让他之前的温文尔雅显得有点矫情。首先是针对加缪个人，说加缪"你已经变成了一个可怕的妄自尊大的牺牲者，你可怕的妄自尊大掩盖了你内心的问题，我认为，那就是你所谓的地中海式的克制。迟早有一天，有人会告诉你这一点，那个人就是我"。然后开始猛烈地抨击加缪的文章。他还不断地把争论引到政治上，如对于苏联态度的问题上，他说："当我在巴黎的墙上看到这样的玩笑'到自由的国度苏联去度假吧'，同时画着铁栏和它后面的阴影，我觉得可恶的不是俄国人。"他的答复已经不再是论辩，而是一支利箭。

萨特甚至刻薄地责骂了加缪的道德主义伪善、哲学上的无能，写作的风格"傲慢自大，对你来说再自然不过"。他在一段文字中连续使用了许多的疑问句——如果您的书只是表明了您在哲学上是个外行呢？如果您的书只是使用了匆忙搜集的二手知识写成的呢？如果您的思想模糊而平庸呢？如果让松只不过是惊讶于您的思想贫乏呢？如果他远非将您的光芒四射的事实弄得暗淡无光，而是打起灯笼，辨认出那些软稠的、晦涩的、模糊的观点的轮廓呢？

和加缪的隐讳不同，萨特显得咄咄逼人，丝毫没有给加缪留点情面，也没给他们关系的改善留点余地。他并不把加缪看作平等的对手，而是采取一种教训的口吻，语多讽刺。萨特不忘摆出巴黎哲学教授的傲慢："我不敢劝您参考一下《存在与虚无》，读这本书对您来说无用而艰难，您痛恨思想的艰深，您匆匆宣布没什么可理解的，以便事先逃避人家指责您没有读懂。"在法国，萨特被知识分子左翼中的一部分人奉为先锋，在他的势力范围中，他扮演着领袖的角色。在这里，萨特对加缪抱有极其轻蔑的态度。文章最后，萨特冷漠地说："我说了您对我曾经是什么，您对我现在是什么；但无论您能够对我说什么和做什么，我拒绝反驳您。我希望我的沉默将使人忘却这次论战。"

加缪在《反抗者》一书中表达的思想，如，夺取政权是反抗的蜕变和堕落、20世纪的革命因为从政治和意识形态出发而必然导致建立新的专制等，放在今天看，未见有什么新鲜，然而在冷战的50年代初，说出这些话，是需要真诚和勇敢的。当第二次世界大战结束的时候，经历过抵抗运动洗礼的加缪陷入了沉思，融会个人的经验和历史的考察，提出了"反抗与革命"的辩证法，以最明确的语言说出了他对苏联、对斯大林主义的看法，这其实不需要深厚的哲学修养。萨特称他为哲学的外行，萨特认为"哲学"一词本身就蕴含有价值，指责加缪不懂哲学。加缪自己则声称自己不是哲学家，他对理性没有足够的信任，更无法相信一种理论体系。他所感兴趣的是探讨怎样行动，更确切地说就是当人们既不相信上帝又不相信理性时应当如何生活。加缪的做人和为文，是一样地朴实、谦逊。加缪的思想是否可以被称为"哲学"并不重要，触动人心的并非加缪的思想多么高超和深刻，而恰恰是其冷静、清醒及其表达的勇气。

加缪和萨特之间兄弟般的情谊未能善终，原因非只《反抗者》事件一端。波伏娃说，萨特与加缪的分歧，来自不同的阶级立场。就出身论，萨特家境阔绰，而加缪直到获得了诺贝尔奖才摆脱了贫困，加缪说过"我过去是，现在仍然是无产者"。萨特的童年和少年是在长辈的关怀下成长的，而加缪面对的是外婆的皮鞭和母亲的寡言。萨特可以进巴黎高等师范学校，可以去德国深造；而加缪只能半工半读地念阿尔及尔大学。在观念上，萨特哲学来源于思辨，而加缪哲学来源于生活，萨特可以论证"存在先于本质""自由选择"和"人命定是自由的"，结果是否定人性的存在，排除选择的价值判断；而加缪则只是探讨荒诞和如何走出荒诞，思考反抗和如何避免反抗失度，结果是要人们"义无反顾地生活"，坚信"地上的火焰抵得上天上的芬芳"。

萨特和加缪的争论曾经被一些人看作是"文人之争"，一些人以哲学上的准备不足为由而轻易地判定加缪是输家。的确，加缪的哲学不那么高深，论述不那么精微，但是，如果仅仅以此来评判这次论争，无疑是错误的。其实，加缪从未自诩为哲学家，他只是带着激情和勇气说通俗浅显的道理。这并不容易，甚至在20世纪是一件很困难的事情，因为许多人是用技术性的术语来掩盖胆怯和虚伪。他们或盲目热情，或故作姿态，知难而退，避重就轻，不愿说真话，不敢说真话。《反抗者》对于所面对的世界，它的意义也许更多的是在书外。加缪说知识分子是"敢于抵制一时风气的人"，作为知识分子，加缪应该更纯粹些。

当今世界越来越厌弃暴力，越来越向往和平、崇尚人道。时间检验了萨特和加缪围绕《反抗者》的那场论战，证实了这本书的意义。加缪是一个先觉者，他的勇敢得到越来越多的人的崇敬。这场论战尽管看起来萨特占了上风，他只不过是赢在了他的策略和雄辩的口才上，历史的进程证明了加缪才是对的。而萨特却在助长着极权专制主义，事实判定萨特输了。

其实，回想起来，加缪和萨特的相互欣赏一开始就伴随着诸多的保留。最初相遇时，《阿尔及尔共和报》的年轻评论员加缪对萨特的《恶心》和《墙》给予了高度评价，却对作者的哲学思想毫不恭维。哲学家萨特在《〈局外人〉之解释》一文中，赞赏作品的艺术成就，而在有意无意间怀疑作者缺乏哲学家思想高度。从 1939 年到 1960 年，加缪和萨特经过十年的交往，最终又回到他们相遇的情境中分手。只是，这时候，他们对对方都不再抱有揣想了，他们已经知此知彼。

决裂之后就在萨特快乐而悠闲地陶醉于自己的智性天赋时，加缪却在不停地反思自己的才能，思索自己在这场事件中是否占理，质疑自己的论辩是否经得起考验。他认为必须说明，他即便不是萨特的朋友，也曾经是伙伴。罗贝尔·伽利马，是最熟知并且同时欣赏萨特和加缪的人，他称这场论战是"一段风流韵事的终结"。罗贝尔觉得自己在理念上更接近萨特，但在感情上却与加缪亲近。

3.巴黎的人们

如果说，在萨特和加缪那次著名的论战前，巴黎知识界对《反抗者》所持的态度还只是质疑，那么在加缪和萨特的决裂后，人们纷纷落井下石，彻底地将加缪视作异己分子。这次事件中，加缪在敌对者们对《反抗者》的一片斥责声中几乎就要败下阵来，他在巴黎文坛落入了被全面孤立的状态。

这一孤立不仅来自左派那边，也有来自加缪身边很熟悉的人，比如伽利马出版社。萨特和加缪都是伽利马出版社的签约作家，伽利马出版社的同人无意于拉拢谁而得罪谁，他们只是暗自嘲笑着风光无限的文人领袖们，终于撕破了脸皮开始互相攻击。一时间，巴黎的新闻媒体，因刊登和转载萨特和加缪两人的论战而销售量大增。

让松在那篇攻击加缪的《阿尔贝·加缪或反抗的灵魂》中，声称加缪的作品会让右派们喜欢，其实不然，右派也没有和加缪缓和关系。他们站在旁观者的立场上分析萨特和加缪的这次论战。萨特指责加缪对马克思主义一无所知，用些二手知识来自以为是地说道理。而据萨特曾经的朋友，右翼阵营里对马克思主义做过深入研究的雷蒙·阿隆看来，萨特和加缪一样，对马克思主义也是一知半解。萨特对苏联极权下制造的恐怖，明知是不对的，却表示了一定程度的宽容。他认为斯大林领导下的苏联现在的不当行为，"社会的未来"可以使其成为正当的。加缪则过于天真地极力主张，当下的生命必须被保护并被赋予尊严，没有任何的理由可以证明谋杀的正当性，"意识形态必须服务于人类"。因此，他坚决与斯大林主义决裂，导致触怒了许多人。在萨特影响下的法国左翼，对共产主义的信服是无条件的。萨特更好地利用了当前的政治局势，对加缪进行攻击和揭发。

这次论战对萨特来说是个完全漂亮的胜仗，而对于加缪，则造成了非常严重的伤害。人们普遍认为，这次事件，是加缪事业的分水岭：论战之前，加缪是法国炙手可热的大作家，而论战之后，加缪的理论因被左派指责为伪哲学、伪历史观被人们所鄙视。

加缪经过了一段时间痛苦的自省，他已经清醒地认识到萨特的善变和不诚实，决定不再理会这些给媒体找乐子的辩论，潜心钻研自己喜爱的文学和戏剧。

但萨特那帮人对加缪的愤恨似乎还没有发泄完。萨特最忠实的伴侣西蒙娜·德·波伏娃，在萨特和加缪那次论战发生的两年后，出版了长篇小说《名士风流》。小说的主角亨利·贝隆就是按照加缪的原型创作的。她克隆了一个和加缪一模一样背景的人，人们一眼就看出那小说里的主人公是加缪的化身。她也以萨特为原型塑造了杜布赫伊，一个如太阳般光辉耀眼的人物形象，他作为一个无所不知的父兄一般的人物，是所有人特别是亨利·贝隆的思想导师。波伏娃小心地算计了加缪。在小说中，她把萨特身上很多的缺点和过错，统统加到了亨利的头上。而亨利被描写成了一个只想满足自己的虚荣心，因而一步步滑向了右派的人。

此书出版后，加缪反应平淡。很多朋友气愤不过，问他为什么不反击，加缪清楚地知道波伏娃在利用萨特和自己之间的失和为自己谋利，所以他不屑地说，自己不会和一个散发臭气的阴沟去辩论什么。而此时，加缪已经从那次辩论的阴影中走了出来。"地中海男人"加缪也并不是好欺负的，他正在创作《堕落》，一个让他终于能一舒胸中闷气的作品。

那阵子，萨特与很多朋友因为政治见解不同而绝交，其中包括老朋友雷蒙·阿隆和曾经与他站在一起批评加缪的梅洛·庞蒂。为了自己的政治信仰，20世纪50年代的萨特，已经近乎疯狂。萨特并未加入过任何组织，但他终身坚持左翼立场并信仰社会主义，1952年他宣布支持共产主义苏联，两年后，萨特偕波伏娃访问了苏联，他说："苏联人民不是不可以自由出国旅行，而是他们不愿意离开自己美丽的国家。"第二年又来到中国待了40多天。萨特对社会主义中国大加赞赏，先后发表了《我对新中国的观感》和《我所看到的中国》称赞中国。直到1956年，苏联内部爆出了极权时代黑幕，萨特才如梦方醒。同年，苏联入侵匈牙利，萨特第一个在《反对苏联干涉》的请愿书上签名。他宣布与苏联彻底决裂。他在接受《快报》采访时说："我再也不可能对苏联官僚统治集团露出笑脸。"同时写了不少抨击苏联的文章。不久，他与法共也断绝了关系，他说："他们的每一种话语，每一个姿势，都是30年说谎和僵化守旧的最终结果。"但他也明确表示，他的共产主义立场并没有改变。

加缪不像萨特这么反复无常，他已经完全和萨特做了一个了断，在任何场所，他都断然和萨特划清界限。他的手记上写下了：萨特，其人其精神，背叛。

在法国知识分子中，大多人选择了左派。他们对于资本主义的一切充满指责，苏联则是他们的乌托邦。在艰难的世界局势中，尤其在苏联打败了德国以后，苏联是他们寄托希望的救世主。即使当斯大林年代的肃清运动与集中营的存在被披露后，沉默和忽略仍持续着。他们担心打破头脑中革命与进步的幻象，似乎要比赤裸裸的现实残酷得多，而加缪是个异端。

其实，在当时的法国，认识到苏联斯大林主义问题的并不是加缪一个人。20世纪30年代，欧美知识阶层左倾化高潮之后并不太久，左派知识分子里就越来越多地发出了不同的声音。之前参观过苏联的罗曼·罗兰，回国后在各种公开场合一声不吭，留下了一本《莫斯科日记》，但他执意要求把日记尘封起来，以待50年后发表。纪德访苏后写下的《从苏联归来》和《从苏联归来修改稿》，直接揭露了苏联刻意欺骗世界人民的行为，在当时引起了不小的震动。马尔罗转向戴高乐主义，就是明显的标志。但是他们没有像加缪这么决绝、这么义无反顾地对左派思想进行质疑。

1956年5月，《堕落》由伽利马出版社出版了。《堕落》以语无伦次、辛辣嘲讽的独白贯穿全篇，被加缪称之为"精心的忏悔"。文中除了加缪一贯的行文风格，将自己似有若无地隐藏在作品中外，还把萨特也写进了书中。不管是以牙还牙还是无心插柳的结果，《堕落》都让人想到波伏娃的《名士风流》。不过，波伏娃的用笔太生硬，人们对号入座，能找到作品的原型。而加缪作为艺术家，他的小说技巧已经炉火纯青。人们无法将他塑造的人物给加上任何的标签。但凡只要是略微了解一点情况的，都会明白其中的内涵。他巧妙地把主人公克拉芒斯糅合了加缪和萨特两个人的特性。那位"虚荣得要命"的前律师自视"罕有人及"，与萨特一向的自视甚高吻合。克拉芒斯拒绝和任何人就社会主义问题展开讨论，即使是雷蒙·阿隆也不在他的眼里。律师出身的克拉芒斯还以"高尚的事业"为借口进行自我欺瞒，影射的是在德国占领法国期间，萨特曾在德国人占领并经营的剧院里演出他的《苍蝇》。他把那些巴黎知识界的人们称作是"忏悔的法官"。他将自己也写进了书里："正义者"揽镜自照时，发现自己已经是被驱逐的流亡者，受到众人的嘲笑。在《堕落》的最后，克拉芒斯按照加缪的意思，离开了巴黎这座"鬼影幢幢，有数百万幽灵出没的迷宫"。在加缪周围，由于在苏联集中营问题上、在阿尔及利亚命运问题上都出现了或明或暗的分歧，一些朋友变成了熟人，熟人又变成了街头的路人甚至是反对者。

尽管萨特和加缪已经决裂，而当萨特收到伽利马出版社寄给他的《堕落》时，他还是认真地看完了，并且依然十分喜欢和欣赏加缪的让人捉摸不透的写作风格。加缪能将自己随时放进书里，也随时就跳了出去，萨特称赞这本书很有才气。《堕落》是加缪对萨特阵营在那次辩论中种种行为的回击，萨特读懂了，但他没有找到可以反击的把柄。

4. 心灵呼应

纵观加缪的一生，结交的人很多，称得上朋友的很少，而能自始至终做他朋友的人更寥寥无几。

这一生，对加缪影响最大最深远的，当属让·格勒尼耶了。这位中学时代的哲学老师，在加缪高中和大学时期给了很多的关心和鼓励，加缪一直视其为精神导师。他在给格勒尼耶老师的《岛屿》的再版序言里，把自己和格勒尼耶老师的关系做了一个说明："然而老师这个词还有另一种含义，在尊敬和感激的两种意义上，它同门徒是相对立的。它已不再同良心的斗争有关系了，它已成了彼此间的一种对话，既不强迫，又不限制，也不使人服从，只能是一种模仿。最终，当门徒离开老师并在他自己不同的事业中取得成就时，老师便感到高兴。而门徒呢，当他知道自己对老师无以为报时，他便始终怀念着向老师学艺的那一段时间。就这样，思想孕育了思想，并一代代传下去，而人类的历史同建立在仇恨上一样，幸运地建立在互相赞扬中。"[1]最初将他们联系起来的，是他们都对地中海文化的热爱。他庆幸他能遇到这样一位老师，并且表示，一生中能这样心甘情愿地佩服一个人是不容易的。

格勒尼耶在加缪的生命中，可以算是充当父亲一样的角色。每当加

①柳鸣九主编：《加缪全集》，散文卷 II，500 页，上海，上海译文出版社，2010。

缪面临人生重大的抉择时，一般都会先咨询老师的意见。生性自由淡泊的加缪，从来不想加入任何的团体和党派，尽管他大学的同学费雷曼维尔极力动员他加入法国共产党，他没有仓促地被人们憧憬的美好前景所吸引，而是征询了格勒尼耶的意见后才作出决定。他自己明知道《反抗者》将是引爆法国社会的一颗威力巨大的炸弹，而且会伤到自己。但是他不允许自己沉默下去，一定要将书印出来，但他依然还是沿袭旧日的习惯，先将《反抗者》手稿给老师看，听老师给他的分析。

在加缪的一生里，即使是在成名以后，也始终尊重他的老师。在获得诺贝尔文学奖的记者会上，当记者问到关于写作的问题，加缪坦言，他的引导者是格勒尼耶。他们之间的关系是纯真的，尽管他们的哲学和政治主张都不相同。格勒尼耶很早就信奉印度教，为人超然物外，从不受政治活动的影响。而加缪的哲学思想受惠于古希腊文明，主张从荒诞中反抗，虽然他没有政治信仰，但却不断地卷入政治中，并因此伤痕累累。

关于生活习惯，他们也很不相同。加缪一生都在贫困当中，但对金钱毫不吝啬，为人慷慨。为了帮费雷曼维尔办报纸，他在尚且需要接受家人救助的生活状况下，每月还拿出六分之一的生活费来资助报社。后来生活有了一点改善，他买了辆二手的雪铁龙汽车，格勒尼耶发现他经常不锁车门，提醒他注意，加缪认真地说："如果有人把车开走了，那是他们有需要。"而格勒尼耶是公认的小气鬼，喜欢占便宜，他不仅吝啬到请别人喝杯酒都很为难，而且为了积累自己的财产，找别人借钱来买房子。加缪私下也讥笑过老师的过于"节俭"，格勒尼耶则很正面地辩解说，他可以在小事上吝啬，而大事上慷慨。他们两人在很多方面都有着完全不同的风格，但这些从来没有影响他们之间恒久而坚定的感情。

加缪在当时的法国，思想都处在潮流之外，由于清醒得太早，几乎没有响应者。如果说，那个年代，孤身一人和法国那些左派右派知识分子做斗争的加缪不孤单，那么在思想上陪伴他的，就属勒内·夏尔了。夏尔是加缪一生中最忠实的朋友之一。

加缪作为伽利马出版社审读委员，在看到勒内·夏尔的诗集《伊普诺斯的书页》后，赞叹不已。他对伽利马出版社的负责人加斯东·伽利马做了保证，诗人夏尔"新颖，令人为之炫目"的诗歌，一定是这个时代的亮点。在加缪眼里，勒内·夏尔是这个时代能够担当起"天赋"一词的诗人，是法国诗坛上最伟大的、"疯狂而神秘"的一个真正意义上的诗人。他的诗，被加缪理解为真理的诗歌。

勒内·夏尔一直从事文学，他的诗歌曾被评价为"与一切的浪漫情调和无拘无束的感伤情怀无缘"，他被人们称作"简洁而又光芒闪烁的诗体的大师"。1929年，年轻的勒内·夏尔来到巴黎，结识了保尔·艾吕雅、安德烈·布勒东和其他一些超现实主义诗人。在1929年到1934年间，夏尔一直在超现实主义的作家阵营中创作、活动，这期间他的代表作有《阿尔蒂娜》（1930年）和《没有主人的铁锤》（1934年）。但夏尔很快就远离了超现实主义，他要用自己的独特感受和富有激情的语言，来表达自己的思想。1939年以后，诗人投身到抵抗法西斯的民族独立运动中，这期间，现实给了诗人更加丰满的翅膀。随着散文诗的出现，警句格言的运用让夏尔的诗歌有了一道理性的光环和思想的重量，但字里行间不乏谜一般的意象和箭一般的影射。诗人在文法和句法上都有了很多创新，在词与词的碰撞中，夏尔常常引用尼采的这句名言："我在写作中倾注了我全部的生命和人格。"他将自己全部的精神与情感都投放到自己的作品中，丝毫不加掩饰，所以想要了解夏尔，只要看他的作品就足够了。

1946 年，加缪和夏尔相遇了，加缪虽然对新诗并不是十分喜欢，但是，他却喜欢夏尔的诗歌，作为哲学家的加缪对夏尔的发现，是因为他看到夏尔的作品里蕴含的哲理性。并且他看到夏尔身上有着和他共性的地方，反对超现实主义，崇尚自由、博爱，相信人世间有不平等。他认定夏尔是他志同道合且默契的朋友，有着一样的反抗精神。

和加缪不太欣赏新诗但是独独欣赏夏尔一样，夏尔并不习惯接受加缪的小说作品，他不喜欢现代小说。但是，他也感受到加缪独特的人格魅力，因为他们在思想上是一条道上的。加缪在给勒内·夏尔诗集作的序中，对他的诗评价道：在同这个最错综复杂的历史搏斗时，他没有害怕过被卷进去，也从不畏惧对美丽的赞颂，这恰恰是历史所赋予我们极端渴望的那种美的赞颂，称赞他"是我们时代的朋友、恋人和伙伴""是充满战斗精神的诗人"①。

他们两人的友谊，也属于一见钟情。加缪把夏尔当作一位兄长，他把夏尔介绍给自己最亲爱的母亲时说，这是我的兄弟，你会爱他的。加缪和夏尔的关系非常铁，成了无话不谈的好朋友，甚至爱屋及乌地和夏尔的朋友们也处得很好。他们一起谈论文学，听音乐，还在一起办了一份刊物。夏尔也极其维护加缪，不容许任何人说加缪的不好，如果有人

---

① 柳鸣九主编：《加缪全集》，散文卷 II，504 页，上海，上海译文出版社，2010。

攻击加缪，夏尔则予以正面回击。

夏尔在加缪眼中是英雄一样的人物，在"二战"时期真正上了前线参加过战斗。和一些嘴上很高调地喊抵抗而实际并没有做什么的虚伪的人不一样。夏尔的战斗经验很丰富，他经常会和加缪他们说到他在战场上经历的事情：他学会在艰苦的野战时，寻找到能够活命的任何吃的东西；他不只是写诗，在武器使用方面也毫不逊色；作为抵抗成员的一个小负责人，少尉夏尔带领几个战斗小组，在战斗前线屡立战功，直到负伤才不得已撤下前线，当他回到后方时，他的战友们在路的两旁燃起篝火欢迎他。夏尔的这些经历也让加缪钦佩不已，也弥补了加缪的一点小遗憾。当年，加缪为了反抗法西斯坚决要求入伍，但是因为肺结核的原因，体检时未能通过。

在加缪的内心里，诗人和他的作品占着越来越重要的位置。他认为夏尔的诗像箭一样射向空中，决绝而有力，他是最具有战斗精神的诗人，是自兰波以来法国诗坛上最伟大的诗人。"这位全天候的诗人，他所讲的也正是我们所讲的。他处于激烈争论的中心，他向我们的不幸提出的格言也正如向我们的再生所提出的一样：'如果我们居于闪光中，它便是永恒的心脏。'"①他对夏尔的评价可以超过任何人："昨天他们同在反对希特勒的极权主义斗争中经受了考验，今天仍然在揭露分裂我们世界的形式相反却与希特勒极权主义性质相同的斗争中经受考验。在共同的战斗中，夏尔接受的是牺牲而不是享乐。……作为一个反抗的和自由的诗人，他从不献媚，也从不随大流，按他的说法，是随心所欲地反抗。

①柳鸣九主编：《加缪全集》，散文卷II，503页，上海，上海译文出版社，2010。

这种反抗有两种形式，一种是首先把一种具有强制性的向往掩藏起来，而第二种则是极力要求营造一种自由的环境，按夏尔那句生动的话说就是，面包将会恢复其原味。夏尔十分清楚，要想使面包恢复其原味，那首先要使它回到自己的位置上去，要把它置于各种'主义'之上。这位反抗者就这样逃脱了许许多多反抗者们的那种命运，他们最终不是当了警察便是成了同谋者。对那些被他称之为替刽子手磨刀的人，他必将挺身而出和他们斗争。他不要监狱的面包，对他来说，直到最后，流浪汉的面包，其味道也会比检察官的好。"①

　　加缪在《反抗者》刚刚写好时，除了格勒尼耶，也给了夏尔一份打印稿，他深深明白夏尔对这个荒诞的现状有着和他一样的反抗精神，书中很多内容他们曾经一起讨论过，以至加缪把这部手稿称为"我们共同的希望"。尽管对加缪以前的小说不太喜欢，但对于《反抗者》，夏尔认为很有力量，充分表达了人对于荒诞世界所采取的强硬而有效的态度。在《反抗者》的论战中，几乎所有的人都离开了加缪，夏尔还是坚定地和加缪站在一起。

　　除了思想上的志同道合者外，纯粹是生活上朋友的，要算是和米歇尔·伽利马的友谊最深厚了。

　　加缪和米歇尔的友谊的开始，是在伽利马出版社。1943 年岁末，加缪进了伽利马出版社，不可避免地和伽利马家族圈子里的人走得比较近。伽利马出版社对加缪十分的友善，因为加缪是才华横溢的大作家，出版他的作品，能让出版社赚大钱。但米歇尔·伽利马对加缪的崇拜，

---

①柳鸣九主编：《加缪全集》，散文卷 II，503 页，上海，上海译文出版社，2010。

就不只是这么物质的，他倾倒于作家的人品和性格，成为加缪真正的好朋友。

米歇尔长着红棕色头发，面色苍白，眼睛有点斜视，有一种与生俱来的贵族气质，为人真诚，典型的外向型性格，喜怒皆形于色。他的经济条件不错，从认识加缪开始，就非常照顾贫困的加缪。一次散步时，加缪穿得比较单薄，身体有点伸展不开地蜷缩着，米歇尔立刻脱下自己的大衣，态度坚决地送给了加缪。他多次在经济上帮助加缪，加缪在进伽利马出版社之后，和米歇尔相交，就再也没有手头拮据过，至少米歇尔保证了加缪的日常生活。后来加缪排练《群魔》，因为演出经费无法筹集而进退两难时，米歇尔又自愿承担了费用。这都体现出朋友之间的真诚情谊。面对米歇尔无私的帮助和追随，加缪十分感动，在和他的对话中，加缪用修辞语法自责自己是个垃圾桶，是个没用的人，因为，到现在还没有写出适合的文字来答谢他的深情厚谊。

在出版社里，加缪对米歇尔很友善，而对伽利马家族别的人，则是互相的需要，是一种保持着一定距离的、微妙的关系。加缪因为《反抗者》而导致被孤立，伽利马出版社的人，包括加斯东和他的儿子，抱着冷漠的态度看着加缪的失败，他们没有出面支持加缪，但米歇尔却是伽利马家族对加缪最忠实的支持者。米歇尔与巴黎文化界的许多人都是好朋友，他总是更多地保护着加缪。

加缪十分珍惜和米歇尔的情谊，对他的信任超过了任何人。当他在抵抗组织的《战斗报》活动时，从秘密渠道筹集的资金，他放心地交由米歇尔保管，后者也十分尽心。加缪和米歇尔夫妇保持着常年的通信，特别是当他旅居在外、孤单无助的时候，除了弗朗西娜外，米歇尔夫妇就是他最忠实的听众了。加缪给米歇尔写信的时候，抛开了任何的烦恼，也没有丝毫的防备，只和他们聊一些开心的话题。他在信中称呼米歇尔和他的夫人雅尼娜为左舷右舰、手心手背，有时候是随心所欲想到任何喜爱的代指昵称。加缪没有把米歇尔当作是文学圈的人，而看作是老伙计，是兄弟，是自己最知心的好朋友。米歇尔对加缪的龙凤胎也是异常宠爱，总是送很多时髦的"荒废孩子意志"的玩具给孩子们，加缪则俨然以米歇尔养女安娜的父亲自居。这两家的友谊是家庭式的，超越了社会关系。

加缪对他的肺结核病一直最隐晦，但在同样是肺结核的病友米歇尔面前，则完全没有顾忌。他总是以过来人的姿态，劝慰米歇尔克服对疾病的恐惧。两人曾经用谁会先死来开玩笑。但竟然一语成谶地一道死于1960年的那场车祸，加缪当场罹难，米歇尔经医院救治无效后死亡。他们一同离开了这个世界，在另一个世界依然携手相伴。

5．女性最诚挚的友谊

加缪与女性的情感，是他一生中最重要的经历之一。加缪的魅力俘获了很多女性。他服从于他四分之一西班牙血统，热情、有强烈的征服欲。当然也本源于法国人的天性浪漫。

加缪曾经希望将《唐璜》排演出来，并自诩自己可以扮演"唐璜"。《唐璜》是法国剧作家莫里哀根据西班牙的传说创作的五幕剧，19世纪浪漫主义诗人拜伦又写成长篇诗体小说，使"唐璜"的人物形象更加丰满。唐璜式爱情是以追求女性、征服女性为乐趣的爱，他在爱情中向来不把感情投放进去，他要本着他的男性魅力来引诱女人。当他得到了一个女人的身心后，他便立刻转移目标，寻找新的征服对象。他并非是为了追求完美爱情，他是在不断地征服女人的过程中，使他的生命激情保持着饱满的状态。

加缪以"唐璜"自居，这风流多情的性格，更得益于他的第一任妻子西蒙娜所赐。20岁出头的加缪陷入与西蒙娜的狂热爱恋中，忠诚无比，却遭受了西蒙娜的背叛。他天生是个以生活做蓝本的作家，可这段婚姻经历，作家在他的作品中从未提及，可见这对他的打击有多大。和第一任妻子分手以后，加缪产生了对婚姻的恐惧感，也使他出落成一个"爱情至上"的风流才子。

加缪相貌英俊，穿着讲究，待人真诚而友善，并不是放荡不羁给人带来伤害的那种人，这是他获得很多女性青睐的一个基础条件。他很少主动去招惹女性，反过来是女性受到他的蛊惑，主动被吸引到他的身边来，并且心甘情愿地追随他。他这一生有许多的女性朋友，有的是纯粹的友谊，而更多的是不断的艳遇。加缪结识的不同的女性朋友，她们的共性是都很漂亮，并且对加缪很忠诚。而最匪夷所思的是，她们从来没有因为感情的问题和加缪产生过纠葛。

加缪最初和女性建立友谊，是第一次婚姻破裂后，在"世界之屋"和两个女大学生合租翡虚院开始。当时的加缪经历着人生的低谷期，不仅是婚姻的失败，而且经济状况也很窘迫。他和女孩子们住在一起，他感受到了女性友谊的那份温柔和有分寸的表达方式所带来的乐趣。加缪暂时摆脱了郁闷的心情，享受着异性友谊的安抚。正是在翡虚院，他遇到了他的终身爱人弗朗西娜。那一段时间的生活，被加缪写在了他的第一部小说《幸福的死亡》里。患了病的默尔索好不容易在偏僻地段弄到一处房子，和现实生活中的加缪一样，默尔索幸福地与三个被他叫作"小丫头"的女友一起生活。书中描述他们在一起时候的生活情景：帕特里斯和卡特琳娜在露台上迎着初升的太阳吃早餐，卡特琳娜穿着浴装，被女友们称作"男孩"的他则穿着内裤，脖子上搭着一条浴巾。他们就着盐吃西红柿、土豆沙拉，还有蜂蜜。总之是一段轻松惬意、幸福甜蜜的好时光。在《幸福的死亡》里，加缪这么描述他们的幸福感：面对"世界之屋"，他们说，那不是一座让人在那里消遣的房子，而是一座使人在那里感到幸福的房子。

加缪得以有机会接触很多女性，与他的身份职业有关，作家和戏剧编导本身就有很多的际遇，有机会去结识更多的女性。他在组建劳工剧团时，还很年轻、英俊，有幽默的语言。因为在他的"世界之屋"与女性同住的"好名声"，已经让人对他的风流性情有所了解，导致年轻女演员的父亲每天都会等在戏剧排练现场，以防止加缪对他们的女儿献殷勤。

他在对待女性的态度上颇像"天生爱情狂"唐璜。加缪在《西西弗神话》里叙述的"唐璜"："正因为他以同等的冲动去爱一个个女人，并且每次都用全身去爱，他才需要重复这种天赋和深化这种性爱。由此每个女人都希望给他带来其他女人从未给过他的东西。但每一次她们都错了，大错特错了，只能使他感到重复搞女人的必要。"风流成性的唐璜从自己的立场来阐释为什么会不断去追求新鲜的女人："倘若他离开一个女人，绝不是对她不再有欲望了。一个漂亮的女人总是引人产生欲望的，而他是否对另外一个女人产生了欲望，那不是一码事儿。"在文中，加缪不经意地把自己对待追逐女性这一行为的心态暴露了出来："唐璜付诸行动对的是一种数量伦理，与圣人追求质量相反。不相信事物的深层意义，是荒诞人固有的特色。那一张张热情或惊喜的面庞，他——细看，——储藏，——焚毁。"①

现实中的加缪就自诩为"唐璜"，并且身体力行。他有着"唐璜"式的经典勾引女人的手段：他和朋友在餐厅用餐，和朋友吃着饭，他的眼睛便像探射灯那样，向餐厅的四周搜索。当他看到一楼有位年轻美貌的女子，透过玻璃橱窗在画着街对面的咖啡馆，他的眼睛便亮起来。他立刻吩咐侍者把一杯葡萄酒送过去；那位女士当然好奇地问，酒是谁送

---

①柳鸣九主编：《加缪全集》，散文卷I，122页，上海，上海译文出版社，2010。

过来的。此时，加缪便用多情的眼光向那位女士打招呼。当那位女士把正餐用完了，加缪便走过去，很有礼貌地作自我介绍，邀请女子和他们坐在一起，陪她一起喝咖啡。加缪一坐下来，便鼓其如簧之舌，向女士大灌迷汤，称赞她何等美丽！何等迷人！当然，他说话的时候，脸上摆出诚恳万分的表情。"在我的一生里，"加缪对他看中的女人都这样说，"我从来没有遇到过一位像你这样具有独特风味的女人！"这句话每次都射中女人的心，达到致命伤的效果。被这个方法吸引到的丹麦美女画家密，曾经和闺蜜说："你真的无法想象加缪是多么迷人和热情。"

加缪的肺结核病是一个他堵在心里的痛，他从小就知道死亡随时在等着他，也更懂得人生如白驹过隙当及时行乐的深刻道理。他周旋于一个又一个女人中间，很多时候也是为了缓解对疾病和死亡的恐惧。出于新鲜感征服了一个又一个女性后，他对于那些曾经投入激情爱过的人，并没有厌倦，等时间长了，他的感情就从爱恋变成了喜欢。他会不断地写着温情的信件，用高明的手段将这份感情维系着。对所有人，他都保留着一份脉脉温情，让女人们对他的温情欲罢不能。在多情的同时，他也是个很有些"心机"的人。当他已经选择了弗朗西娜作为自己的妻子后，在和每一个女人情话缠绵时，会经常提到弗朗西娜的存在，让别人甘心地做他的"好朋友"，让他那些美丽多情的女友们对她们与自己之间的关系并不抱有幻想。

在这些爱情中，加缪占着主动地位，直到他遇到了他称为"独一无二"的女人玛利亚·卡萨雷斯。和玛利亚的相识，是源于萨特圈子的一次家庭舞台剧演出。加缪是一颗冉冉升起的文学新星，而玛利亚是崭露头角的女演员，曾在图兰朵大剧院上演的辛格的戏剧《悲哀的黛戴尔》

中担任女一号。他们都是巴黎文艺圈里的新人。玛利亚是从佛朗哥富有的西班牙共和党家庭中逃离出来的，典型的西班牙人性格，激情、任性、聪明。在所有和加缪有染的女人中，玛利亚有自己的事业，独立性很强，她是唯一一个和他拥有平等亲密关系的女人。他们相识后，曾一起参加了抵抗组织活动，经历了一些小危险而同舟共济。这让他们互相吸引着，激情燃烧，成为巴黎文艺圈著名的一对。

相比于加缪的细腻柔情，玛利亚是豪放而热情的，和加缪一样，她也崇尚自由，不受世俗的拘束。如果说加缪是唐璜，那么玛利亚就是女唐璜。她有时故意和别人谈论关于她的风流韵事，这让加缪恼火之余，产生一种患得患失的情绪。认识了很久，加缪并没有成功地征服玛利亚。当玛利亚得知加缪的夫人弗朗西娜怀孕了，便决然地断了和加缪的联系，没有给加缪任何机会。相比于加缪稀薄的西班牙血统来说，西班牙女明星玛利亚更具有西班牙的贵族精神。

几年以后他们在街头邂逅，命运让他们又紧紧地联系在了一起。此时他们各自在自己的事业上发挥得非常出色，加缪是一个很有名气的作家，玛利亚已经是著名的大明星。彼此性格上又都成熟了一些。加缪对玛利亚的深情依旧，而玛利亚也终于学会了接受加缪的思路：弗朗西娜和家庭是加缪的主心骨，而自己是加缪的激情所在，缺一不可。玛利亚感受着加缪对她无限的依恋和爱，他明明经常能够看到玛利亚，但总是习惯于写信说说自己的心里话，而且有时候一封信刚刚发出了，又想起了很多事情，就再写一封。加缪依然不断地同玛利亚以外的女人保持联系，或者有新的艳遇，但是，他不允许玛利亚有私情。他自私而固执的性格不是靠强制的手段来执行，他总是会在玛利亚的面前示弱，表现出他脆弱无助的一面，让玛利亚无法不用心在他身上。玛利亚则特别欣赏加缪的人格所释放出的无法抗拒的魅力，欣赏他在这个荒诞社会中对于正义和真理的坚持。虽然玛利亚不懂政治，但是她也是因为政治事件流亡在外不能回到祖国的人，她对于极权主义也持不认同的观点。她佩服加缪的那种精神，在压迫、黑暗和迷茫中，无论遭受怎么样的困扰，他都会集中全部注意力，在荒诞中进行反抗，他是一个永不言败的战士，为了忠于他对正义和真理的激情，他一直地坚持，从不偏离方向。这是一种超越一切的、无条件的、阿尔及利亚式毫无保留的激情。玛利亚喜欢他的这种激情。

因为玛利亚的关系，加缪对戏剧越发地用心，编写了很多优秀的剧本，有几个主角是专门为玛利亚量身定做的。他们就是对方的影子，紧紧融合在了一起。

但是，加缪尽管在外面绯闻不断，但他依然深爱着妻子弗朗西娜，妻子在他生活中的角色无人可以替代。家庭、妻子和儿女，那是他的港湾，这是无可置疑的。一般情况下，他会尽量封锁在外面那些寻花问柳的传言，给弗朗西娜一个好丈夫的形象。

只是，这很难做好。终于有一天，加缪和他"独一无二"的女友玛利亚的私情被弗朗西娜发现。弗朗西娜觉察出加缪对玛利亚不是一般意义上的"好感"，这给了她一个很沉重的打击。因此她患上了严重的抑郁症，并试图跳楼自杀。这个行为让加缪很是自责和内疚。在加缪悉心地照料和关心下，弗朗西娜终于恢复了健康。为了弥补弗朗西娜受到的伤害，加缪以后的戏剧活动，再也没有邀请玛利亚参演。玛利亚是刺激弗朗西娜神经的那根导火索。在加缪看来，这是对弗朗西娜最起码的尊重，在道义上说也是必须要做的。但是加缪依旧没有放弃玛利亚，在家庭和情人之间挣扎。好朋友于尔班看出加缪内心的纠结，这与他对幸福的追求是相悖的。

在加缪那部很有影响力的《堕落》里，加缪题词是一部献给女性的作品。虽然这部作品加缪写得很隐晦，几乎将他自己隐藏得很好，但是，他的忠实读者、很多细节的见证者弗朗西娜看懂了。书中写到主人公克拉芒斯在众多女人面前成功的得意表现："我的意思不是说能满足她们的需要，甚至也不是靠她们寻欢作乐。不，仅仅是把事办成，我差不多什么时候想做就能做到。人家觉得我有魅力啊，多了不起！您自然懂什么叫'魅力'：不必明说，人家就送上门来。"[1]这当然就是生活中的加缪。

《堕落》既然是写加缪生活中曾经有过的众多女人的书，弗朗西娜肯定是要有一笔的。作品写的是一个久负盛名的巴黎律师因未能帮助一个溺水妇女而陷入危机后的忏悔。"溺水的女人"就是弗朗西娜，溺水事件就是指弗朗西娜那次的跳楼自杀。书中的克拉芒斯在追逐女人的游戏中是成功的，生活中的加缪同样是"成功"的，一些勾引女人的小技巧，加缪用得得心应手。《堕落》中叙述人在忏悔之前对自己下了这样的判语："我并不自认为超凡脱俗。我绝非清心寡欲之辈，恰恰相反，是个多情种子，且极易伤心落泪。不过我的动情是为自己感慨，我只爱我自己……即使为了十分钟的恩恩爱爱，我就可以不认爹娘，后悔一辈子也在所不计。说得不对！尤其是为了十来分钟的飘飘欲仙，如果我确知并无后续的麻烦，那我更要投入。"[2]他在巴黎以及其他地方，加缪都留下

---

①柳鸣九主编：《加缪全集》，小说卷，315 页，上海，上海译文出版社，2010。

②柳鸣九主编：《加缪全集》，小说卷，315 页，上海，上海译文出版社，2010。

了一些因他而受伤的女人。激情熄灭之后，他依然能和他曾经爱过的女人保持良好的关系。

所以已经学会睁一只眼闭一只眼的弗朗西娜看到加缪的题词，和加缪开玩笑地说道："这是你欠我的。"加缪当然是默认了这一点。

加缪就像一个不能拒绝糖果的孩子。他的基因里就携带有爱情因子。加缪喜欢爱就像人们在空气里呼吸，每天的吃饭，每天的行为一样必要。

他在世的最后几封信，显示出加缪对女性的迷恋达到了顶峰。12月29日，他写信给女友，信中说他将结束和妻子儿女的度假，从鲁尔马兰回到巴黎："这次令人伤感的分离至少让我们明白，我们彼此是多么需要对方。我过去就知道，现在我更清楚这一点，我是多么依赖你啊。我满怀热情地等着你，我亲爱的、热情的女孩，我的心上人！在你读到我的信的时候，我们只剩下两三天就可以团聚了。"30日，他写道："我们很快就要重逢了，想到就要看到你，我是多么高兴啊，在写信的时候都会忍不住微笑。我关上文件，不打算再工作了（家人太多，还有家人的朋友）。我有什么理由不去赴你的约会呢？吻你，紧紧地拥抱你，直到我们相见的星期二，在那之后，我才能重新开始。"31日，他又写了一封信："亲爱的，这是我的最后一封信了，为的是向你祝贺新年，赠给你一顶温柔和光荣的花冠……我要回来了，这是我所盼望的。我星期二到，可我现在就开始吻你，从心底里祝福你……"这缠绵的情话颇让女人们心动，但有一点值得注意：这接连三天的三封信都是寄给不同的女人的。第一封寄给了一位年轻画家密；第二封写给蜚声国际的女演员玛利亚·卡萨雷斯，加缪和她相爱了16年；第三封写给卡特琳娜·赛勒斯。

在阿尔及利亚的世界文化遗产蒂巴萨，有一块面向地中海的加缪纪念碑，碑上镌刻着加缪在《蒂巴萨的婚礼》里的一句话："在这儿我领悟了人们所说的荣光，就是无拘无束地爱的权利。"

荣誉

第六章

登上顶峰的斗争本身足以充实人的心灵。

应该设想，西西弗是幸福的。

——《西西弗神话》

1. 文学之激情

加缪天生对文字有一种亲近感。这有点继承了父亲的基因。当年，吕西安·奥古斯特·加缪在劳动闲暇时，曾写出"天那么热，葡萄酒都带来一股热烘烘的水塘味儿"之类颇有诗意的句子，来表达他对世界的认识和对生活的激情。他把开朗的性格和勤劳的精神传给大儿子，把聪慧和对人生的敏感传给小儿子。加缪曾和他的女朋友透露过，他7岁就想到过要成为一个作家。他从中学时期就开始有意识地写一些小文章，并一直坚持这个爱好。

加缪在高中时就开始写一些哲学随笔，以及评论性文章。和所有的写作初学者一样，刚开始，他的文风不稳定，喜欢浮夸的语调。让·格勒尼耶老师及时地给予了提醒和引导。在不断地练习中，他终于摸索出自己的写作风格：以生活中的积累作为素材，用平实的语言，幽默的笔调，来创造出作品中的人物形象，并以人的行为来推导出带有哲学意味的时代命题。一直以来，他养成了记笔记的习惯，无论是在日常生活中，在职业工作中，还是在所从事的各种社会活动中，他遵循自己的习惯而积累了大量的创作资料。他曾和他高中的同学兼情敌富歇做过对比。富歇是功利主义者，他想用自己的人生经历作为通向成功的跳板；而加缪的想法则是希望用自己的人生经历作为通向完美作品的跳板。

1937年5月，加缪把自己于1934—1936年写的随笔整理了出来，出版了他的第一部散文集《反与正》。从这时起，他已经俨然是个作家了。

《反与正》由 5 篇散文组成，每篇的篇幅都不长，但却是加缪哲学思想形成过程中具有重要意义的作品，他显然已经朦胧地意识到了荒诞的存在。

在这 5 篇散文中，《嘲弄》写了 3 个相似却又不同命运的人物。一个瘫痪的老妇人在行将就木，感到极端孤独、恐惧、无助的时候，却被急着去看电影的家人遗弃；一个没有自知之明却渴望与人交谈的老头，已经接近生命尽头，被周围的青年人和自己的老伴忘记；一个很专横、虚伪、有点冷酷的外婆，强迫外孙表现出很喜欢她、很爱她的样子，结果在疾病的折磨中痛苦不堪。文章通过这 3 个人在不同的境况中面对着同样的衰老死亡问题，来显示人们关系的冷漠。而在结尾，作者笔锋一转，"不管怎样，到底还有阳光温暖着咱们的老骨头。"对这个冷漠的世界做了一点温柔的挽回。《若有若无之间》是一篇真实的回忆性质的散文，文章中在贫穷街区过日子的儿童与她的母亲，就是加缪童年生活的真实再现。那个被生活重担压迫的沉默不言的母亲，在丈夫为国捐躯后，孤儿寡母投奔在外婆家里，母亲唯有通过为别人做家务活而谋得生计，根本无暇去顾及孩子的生存处境。就算儿子被家里暴烈的老外婆无故责打，母亲也无能为力。母亲的沉默已经养成了习惯，在儿子成年后有能力照顾母亲的情况下，他们之间也唯有冷冰冰的沉默。正如加缪所说："天地间所有荒诞的单纯全都躲进了这间屋子。"在加缪的笔下，这个家里所有的冷漠、孤独以及寂静都现了形，赤裸地折射出社会上所有的不幸。你会感受到一种深深的无力感，甚至在细想后会感到鼻酸。这是因为你对别人和自身的不幸感同身受，却又觉得无力改变。《伤心之旅》则是记录了加缪于 1936 年 6、7 月份间，和他的第一任妻子 S 以及另一个朋友在意大利、西班牙等地的欧洲之旅。书中虽然看起来是记录旅行中的见闻观感与异乡人的内心体验，但是这段旅行的背景是：加缪肺结核复发，身体状况不好，而且在旅途中无意发现了他为之付出真心的妻子的私情，这对他是个沉重的打击。但书中写得很隐晦，没有让人看出在这一变故中，作者的感情甚至是整个人生发生着转折性变化。《热爱生活》写的是在帕尔玛夜晚，作者看到的那一场场香艳淋漓的舞蹈表演，和白天在圣弗兰西斯科修道院的回廊里的安静老妇人之间的强烈对比。无边无际的欲望压得人动弹不得，那种生机勃发的想要把世界握在掌心的冲动，却是内心对生活的一腔热爱。由此而得出的结论是，没有对生活的绝望，就没有对生活的爱。《反与正》说的是一位老妇人，她从姐姐那儿得到一笔 5000 法郎的遗产。熬过了漫长的困苦生活，这不大不小的一笔财产到了人生快要结束的时候才来，让人不知道如何处置。她已经很老快死了，对于物质也没有过多的享受，便想着建造一座自己的陵墓，好使自己那一把老骨头日后有个遮蔽。她于是买了别人转让的一座地下墓室。这笔钱花得使她感到很满意。开始，她只是每天来看看修建工程的进展，到后来竟把这个事情当作一种寄托，每个星期天的下午必到，这成为她唯一的外出，也是唯一的消遣。她审视这永久的居所喃喃自语："窗外的这座花园，我只能看见它的墙壁，还有光影流动的些许枝叶。再往上看还是枝叶。继续往上便是太阳了。但在外·面可以感受到其乐无穷的新鲜空气以及洒遍人间的欢快情绪。我在其中得到的，仅仅是映照在我那白色窗帘上的一点斜枝疏影罢了。还有太阳的五道光线，不紧不慢地将干草的芬芳送入屋内。若有一丝儿和风拂来，光影便摇曳于窗帘之上。云来云去，阳光时隐时现，于是金合欢花花瓶里溢出灿烂的黄色。"①

《反与正》里5篇散文的素材，来源于作者本人和身边人物的生活，其中包括他的外祖母、母亲与其他一些人。加缪为《反与正》作的序里说得很明白："每个艺术家都在心灵深处保留一种独一无二的泉源，在有生之年滋养着他生存的根本、浸润着他话语的言说。"②他从平常的生活现象中生发出敏锐的感受，再抽丝剥茧引出形而上的哲理，这就是加缪在这个文集中所呈现给读者的意象。

《反与正》实际上是加缪文学创作意识刚刚形成的一个雏形，尽管这种意识还没有完全自觉，但在这里已经初露端倪。之后，在《局外人》与《西西弗神话》中关于荒诞的意识，正是在这些创作的基础上逐步显现。创作《反与正》这组文章的时候，作者处境低沉，创作环境比较恶劣——他经历过贫困，当下还没有摆脱出来；肺结核病也一直威胁他的生命；第一次婚姻使他遭受打击；刚刚接触政治就受到挫伤。这种种不如意，反映在作品《反与正》里，是沉重、忧郁、悲怆、阴沉的氛围。加缪在思考，正如散文《反与正》中老妇人修建墓室故事所引发出来对生活的思考一样：，即："某人在静观，另一个人在掘墓：怎能将两者分开？将人及其荒诞分开？"③关于荒诞的意识，在其中或隐或现。

1936年之后，加缪开始创作《婚礼集》。这本集子在我们读来，则完全是与《反与正》形成强烈对照的另一个风格，与《反与正》的阴沉

①柳鸣九主编：《加缪全集》，散文卷I，41页，上海，上海译文出版社，2010。

②柳鸣九主编：《加缪全集》，散文卷I，4页，上海，上海译文出版社，2010。

③柳鸣九主编：《加缪全集》，散文卷I，42页，上海，上海译文出版社，2010。

不同,《婚礼集》充满了欢快和温馨。《反与正》是对于生存荒诞性的正面的直视,而《婚礼集》则是对于人的存在意义的咀嚼。这个时候,加缪结束了第一段痛苦的婚姻,他在翡虚院里和几个女性朋友幸福地住在一起,并遇到了聪明美丽的弗朗西娜,他的生活正处在上升期。尤其第一部作品《反与正》出版后,反响还不错,他享受着文学创作的乐趣。看得出,他对生活和写作都充满了信心。

加缪的《婚礼集》由《蒂巴萨的婚礼》《杰米拉的风》《阿尔及尔的夏天》《孤独》4篇文章组成,整体看,加缪描写了北非的自然风光、古罗马的古老文明遗迹以及人类与自然的"婚礼",也描写了对幸福的感悟,处处充满了一种抒情的喜悦。虽然有死亡的主题充斥其中,似乎与这美好不相协调,但在这里,死亡并非颓废的提示,而是让沉浸在阳光、鲜花的人们对死亡有个正确的认识。"死亡意味着来生的开始。""然而,怎样才能说明这些形象,反映着死亡,却从来与生存密不可分?"加缪认为,死亡意识的唤醒可以激发对生存意识的觉悟。在加缪笔下,通过对自然风景的描写,对生活场景的再现,以及对生存问题的思考,构建了一个表现存在与荒诞的符号体系,这些符号旨在唤醒人们的存在意识,召唤人们自我担当,探讨和学习新的生活艺术。加缪的这部作品,通过讴歌人类与自然的美好,去努力寻找一种生存的诗意。他还把其中的《阿尔及尔的夏天》以及《孤独》分别题献给雅克·厄尔贡和让·格勒尼耶,他将那些给他力量和欢乐的景象描写出来,献给帮助过他的人,以表示出一种愉悦和感恩的心。

在创作《婚礼集》的同时,加缪也尝试开始了小说的创作。就如很多大作家一样,加缪按照常规首先选择了随笔这种短小精悍以自由的笔法来表现思想的文体，但对于加缪这样一个想要用作品介入现实的作家来说，文学形式当然还要选择被认为最受重视、最具艺术性、最富有含量的小说、戏剧等，内容选择也应该是为世人所关注的重大现实问题。加缪希望能够将那些抽象的理论用形象化的表现方式表达出来，只有这样才能显得更加耐读，更加有持续的生命力，得到广泛传播而使更多的读者受到影响，才能提供博大隽永的思想体系。加缪深知这个道理，1936 年加缪 23 岁，动笔创作他的小说处女作《幸福的死亡》。

1938 年，这本小说完成了。故事梗概是，主人公帕特里斯·梅尔索觊觎着有钱的残疾人扎格勒斯的财产。为了追求自己的幸福，梅尔索实施了杀死扎格勒斯的计划。在攫取了扎格勒斯的财产后，梅尔索装作没事一样去布拉格旅游了一趟又回到阿尔及尔。他终于成了有钱人，娶了妻子，后来又离了婚，有着很多的女伴，尽情地享受着生活。杀人犯梅尔索谋杀行为的非道德性，却因为追求的合理性而被稀释。人们为他追求幸福的渴望所牵引，忘记了他确确实实是一个罪人。这在一定程度上揭示了世界的荒诞。

这篇小说加缪在世的时候一直没有发表，他对自己这部小说完全没有把握。那时他还没学会很好地运用小说写作的各种修辞手法，写作方法显然过于简单，内容太过于直白，别人几乎一眼就能看出作者的影子。许多情节几乎可以看作是作者生活经历的简单记录。虽然格勒尼耶老师和朋友们也夸奖了这部作品，但加缪听出了语气里的言不由衷。加缪意识到了自己的问题所在：缺乏表达的技巧，不能让别人读懂作品中对人生社会的独特思考。对于加缪，这可以看作是他的一个试验品，是为了下一部作品《局外人》所做的热身。

　　加缪曾经和他的老师说到过他喜爱写作的动机，是因为写作要求投入全部的激情——那种隐秘而炽烈的"地中海式的激情"，从小就涌动在加缪的身体里，伺机喷薄而发。

2. 荒诞的觉醒

从创作《反与正》《婚礼集》到《幸福的死亡》，实际上是加缪文学创作中表现荒诞意识的雏形。此后，在《局外人》《西西弗神话》和《卡里古拉》中，这种荒诞意识开始清晰成型，成为加缪文学和哲学的思想主题。

在创作《局外人》等作品期间，加缪曾在报社的记者工作和编辑工作中做出过不俗的成绩，最主要的业绩是对社会民生、法庭案件的持续关注报道。其实，很多作家都是记者出身，但记者职业新闻写作的写实要求使许多人因此而丧失文学创作的激情。加缪走的是一条与别人相反的路，记者职业成就了他的文学创作。他以新闻事件来积累创作素材，以新闻写作手法来加强文学创作训练，他在新闻写作中已经懂得了环境渲染和人物塑造，懂得了探寻事实背后的意义。此前撰写的哲学学士论文和随笔的创作对他也有帮助，虽然有时是纸上谈兵。在讨论经济问题时尤其如此，但他并不教条。

那些让加缪在阿尔及尔报界成名的新闻报道，被他详细记在了笔记中，为其创作《局外人》等作品积累了丰富的素材。加缪那几年继续住在山顶那间面朝大海的出租屋里，酝酿着他的几部作品，这就是被称作"荒诞三部曲"的小说《局外人》、随笔集《西西弗神话》和戏剧《卡里古拉》。

　　加缪一直是个很不自信的人,《局外人》写作初期,他不确定自己作品的可读性,情绪波动很大。他也时常觉得能深入作品中,和里面的人物互相对话,而写好后,有时候从抽屉拿出来,却连再看一眼的勇气都没有。他后来以自己的经验告诉他的朋友,如果自己不喜欢自己写的东西,不要为此感到不安,形成自己的写作风格需要很多年的时间。通常人们总以为首要的东西是天赋,作家的工作只是把这种天赋表达出来罢了。现实却并非如此。加缪认为,作家的任务在于尽可能严格地要求自己去写作,经过这番努力,他可能会在自己身上找到寻觅了很久的东西。文学创作并非一蹴而就的事情,必须是自己要沉下心来,拒绝外在一切世俗的诱惑,自愿地当所创作作品的奴隶,必须是甘心为之付出自己全部努力的一种状态。而创作带来的快乐则很像夺取重大胜利后的那种快乐,带着一种忧郁的芬芳。

　　1941年2月21日,他在创作笔记中宣布:《西西弗神话》完成。荒诞三部曲结束,自由开始。1942年,《局外人》由伽利马出版社出版。几个月后《西西弗神话》紧接着出版。1944年又出版了《卡里古拉》剧本。1945年《卡里古拉》被搬上舞台,也获得了巨大的成功。

　　加缪在《局外人》中,以不动声色而又蕴含内在力量的平静语调为我们塑造了一个惊世骇俗的"荒谬的人":对一切都漠然置之的默尔索。默尔索心里明白这个社会的行为准则,但是,他用一种冷漠淡然的态度,作出了那些有悖社会道德准则的行为。

　　小说的开头是:"今天,妈妈死了。也许是在昨天,我搞不清。我收到养老院的一封电报'令堂去世。明日葬礼。特致慰唁。'它说得不清楚。也许是昨天死的。"①这样冷漠的语气，让一般人都会大吃一惊。他来到母亲安葬的地点。人们习惯在亲人死去后下葬前都会希望能见最后一面，因为这是和逝者最后一次见面，真正地永别了。默尔索来迟了，没能见到母亲最后一面，却又拒绝了门房打开棺材见最后一面的提议。这让他感到很难为情，因为总觉得似乎不该那样说。默尔索在思想上并没有摆脱伦理道德要求，这个难为情的心理，证明他是知道不见母亲最后一面是不妥当的行为。但是，他的行动已经是一个局外人做的事了。默尔索自己没有因为母亲的去世而哭泣，还为别人的哭泣声而感到厌烦。葬礼结束后的第二天是星期六，不上班，默尔索到海滨浴场去游泳，碰到了从前的女同事玛丽，两人一起游泳，在水里嬉戏，快乐地度过了一个浪漫甜蜜的下午，还约了晚上一起看电影。默尔索也意识到自己在母亲葬礼上的表现和第二天找女朋友寻欢作乐，都是一种过错，但他仅仅只是意识到了而已，行动的时候却是另外一回事。他做了这些"大逆不道"的行为，已经引起了周围人的极大愤怒。

海滩上和阿拉伯人的小摩擦中，导致默尔索莫名其妙地杀了人："我只觉得铙钹似的太阳扣在我的头上我感到天旋地转。海上泛起一阵闷热的狂风，我觉得天门洞开，向下倾泻大火。我全身都绷紧了，手紧紧握住枪。枪机扳动了，我手触光滑的枪托，那一瞬间，猛然一声震耳欲聋的巨响，一切从这时开始了。"②案件进入审理阶段后，他既不肯配合律师给他的关于种种让人惊骇的所为是因为母亲逝世"悲伤过度"的建议，也不肯接受预审法官让他信仰上帝的建议。

---

①柳鸣九主编：《加缪全集》，小说卷，3页，上海，上海译文出版社，2010。

②柳鸣九主编：《加缪全集》，小说卷，36页，上海，上海译文出版社，2010。

　　如果说，前半部分默尔索还在做着自己的主，那么在后半部分，从他被关押在牢房里开始，社会的意识代替了默尔索自发的意识。司法机构从人性的角度，以其固有的逻辑，利用被告过去偶然发生的一些事件，把被告虚构成一种连他自己都认不出来的形象，即把始终认为自己无罪、对一切都毫不在乎的默尔索硬说成一个冷酷无情、蓄意杀人的魔鬼。检察官指控他："难道此人表示过一次悔恨吗？从来没有，先生们，在整个预审过程中，此人从来没有对他这桩可憎的罪行流露过一丝沉痛的感情。"[1]检察官从他对待母亲葬礼的冷漠态度断定默尔索是个残忍的人。迷迷糊糊地杀了人的默尔索，对法庭上的辩论漠然置之，却非常有兴趣断定自己辩护律师的才华大大不如检察官。案件审理到最后，已经不是围绕着杀人案，而是把默尔索杀人和他在母亲葬礼上的冷漠表现联系在一起。

　　被定了死刑的默尔索，依然是一种事不关己的态度，"有朝一日，所有的其他人无一例外，都会判死刑，他自己也会被判死刑，幸免不了。这么说来，被指控杀了人，只因为在母亲的葬礼上没有哭而被处决，这又有什么重要呢？"[2]就在临刑的前夜，他觉醒了："面对着充满了星光与默示的夜"，他"第一次向这个冷漠的世界敞开了心扉"。他居然感到他"过去曾经是幸福的""现在仍然是幸福的"。他似乎还嫌人们惊讶得不够，接着又说："为了使我感到不那么孤独，我还希望处决我的那一天有很多人来观看，希望他们对我报以仇恨的喊叫声。"[3]

---

[1]柳鸣九主编：《加缪全集》，小说卷，59页，上海，上海译文出版社，2010。

[2]柳鸣九主编：《加缪全集》，小说卷，72页，上海，上海译文出版社，2010。

[3]柳鸣九主编：《加缪全集》，小说卷，73页，上海，上海译文出版社，2010。

　　加缪把《局外人》的主题概括为一句话，在我们的社会里，任何在母亲下葬时不哭的人都有被判死刑的危险。这句近乎可笑的话隐藏着一个十分严酷的逻辑：任何违反社会基本法则的人，必将受到社会的惩罚。这个社会需要和它一致的人，背弃它或反抗它的人都在惩处之列。因为检察官憎恶默尔索无所谓的表情，所以默尔索的脑袋已经被检察官以社会的名义要了去，我们这个社会抛弃了默尔索。然而，默尔索忽然宣布他的过去和现在都是幸福的，谁也没去想默尔索这个宣告所隐含的意味——他通过自己的宣告也抛弃了社会。这正是他的觉醒，他认识到了人与世界的分裂，他完成了荒诞的旅程的第一阶段。

　　《局外人》写作手法简单直接，没有过多的铺垫和解释。默尔索的行为是原本让人无法理解的荒诞，他的荒诞性体现在几个方面：没有时间观念，母亲死的时间也搞不清；对道德范畴的模糊，身体不好的母亲去世，他认为也是一种解脱，所以表现不出悲哀；对亲情、爱情、友情的漠视，他的女朋友玛丽问是否爱她，他说不出爱还是不爱；他甚至对事态的严重性也缺乏清醒的认识，面对着法庭上要定他死刑的检察官和给他辩护的律师，他比较后，觉得还是检察官的话更有说服力。默尔索这样一个人物完全不是日常生活中的正常状态，但在加缪的叙述中却试图说服大家，并最终被大家所接受。

　　《局外人》一经发行，社会评论反响强烈。法国最有影响力的报纸之一《高奥狄亚周报》，在7月1日头版的三分之一版面上刊登了马赛尔·阿尔朗的文章，兴奋地宣布"一位作家诞生了！"存在主义大师萨特写了一篇长达20页的《〈局外人〉之解释》的文章，他从小说中看出了加缪要表达的荒诞，指出这是一部有条理的关于荒诞和反抗荒诞的作品。写这篇评论稿时，萨特已经是巴黎知识分子圈子里的风向标一样的人物。他不吝笔墨地对《局外人》进行阐述，也推动了读者对《局外人》的兴趣。

无疑《局外人》成功了。紧接着伽利马出版社又向其签订了《西西弗神话》的出版权。

西西弗的故事取自希腊神话：柯林斯国王西西弗死后获准重返人间去办一件差事，但是他看见人间的美好，就再也不愿回到黑暗的地狱，以至触怒了众神。在召唤、愤怒和警告都无济于事的情况下，神决定对他予以严厉惩罚：把一块巨石从山下推上山顶，石头会因自身的重量又从山顶滚落下来，屡推屡落，反复而至于无穷。神认为这种既无用又无望的劳动是最可怕的惩罚。加缪加以改造，用它构成了他的《西西弗神话》中的中心形象和最重要的一章，在加缪的笔下，西西弗是具有荒诞意味的英雄。这既出于他的激情，也出于他的困苦。"他凭紧绷的身躯竭尽全力举起一块巨石，推滚巨石，支撑巨石沿坡向上滚，一次又一次重复攀登；一个紧张的身体千百次地重复一个动作：搬动巨石，滚动它并把它推至山顶；又见他脸部痉挛，面颊贴紧石头，一肩顶住，承受着布满黏土的庞然大物；一腿蹲稳，在石下垫撑；双臂把巨石抱得满满当当的，沾满泥土的两手呈现出十足的人性稳健。用没有天顶的空间和没有深底的时间来衡量这种努力，久而久之，目的终于达到了。但西西弗眼睁睁望着石头在瞬间滚落山下的世界，又得把它重新推上山巅。于是他再次走向平原。"①

---

① 柳鸣九主编：《加缪全集》，散文卷 I，156 页，上海，上海译文出版社，2010。

　　它是整个人类生存荒诞性的缩影——命运的判决，永无止境的苦役，毫无意义的行为，热烈愿望与冷酷现实的对立。加缪致力于探索受罚中的西西弗，在他的内心，蕴藏着多么巨大的精神力量！对诸神的蔑视，对死亡的憎恨，对生命的热爱，使他吃尽苦头，苦得无法形容，竭尽浑身解数却落个一事无成，但这是热恋此岸必须付出的代价。与其说西西弗是一个注定要失败的人，不如说他是与命运相抗战的人，他没有怨恨、没有犹豫，不存任何希望。他明明知道劳而无功，却朝着不知道尽头的痛苦一步步走去，脚步沉重而均匀。他清醒地知道，无数次的胜利其实是无数次的失败，但他只是激起了轻蔑，"没有轻蔑克服不了的命运"。

　　加缪的前辈马尔罗是对生存荒诞性探讨得最早，也是探讨得相当充分的一位先行者。他的几部关于探讨荒诞性哲理的小说与论著，加缪显然阅读、钻研过。加缪一直视马尔罗为他崇拜的偶像。当马尔罗第一次读到加缪的《局外人》时，他惊叹加缪的荒诞主题如此清晰，并具备了令人信服的表达方式：将哲学形象化。只是他对书中有的情节感觉有些突兀，曾对加缪的写作技巧有一些质疑。而当马尔罗再看到《西西弗神话》的手稿时，那些被《局外人》牵扯着的悬而未决的担忧就完全放下了。马尔罗完全认同了加缪的说法，人在面对艰难而机械的现实生存的时候，每天都要按照一个节奏和生活模式来生存，必然要产生出这种荒诞感来：我为什么要这么生活？我为什么不能以其他方式生活？可是，偏偏你就不能以其他方式生活，你还必须要以你现在的方式生活。于是，这就产生了荒诞感，加缪无疑是将这种状态表述得最惟妙惟肖的作家。马尔罗震惊之余，认真地审读了加缪的《西西弗神话》，他认为这个随笔集很好地阐释了《局外人》，使小说的意义更加充实，对小说当中绝望的冷漠的现实，给了强有力的补充。人在荒诞境况中的自我坚持，永不退缩气馁的勇气，不畏艰难的奋斗，特别是在绝望条件下的乐观精神与幸福感、满足感，所有这些都昂扬在《西西弗神话》的精神里。因此，可以说《西西弗神话》是 20 世纪对人类状况的一幅悲剧性的自我描绘，它构成了一种既悲怆又崇高的格调。

《卡里古拉》作为加缪写的第一部戏剧，荒诞色彩浓厚，在荒诞哲理阐述上也更加深刻。这部戏剧直接阐释了自杀的问题。加缪在《西西弗神话》开篇第一句就说道："真正严肃的哲学问题只有一个，那便是自杀。"①《卡里古拉》那位罗马皇帝卡里古拉，被加缪在该剧中塑造成了做事动机特殊又高深的暴君，他的种种反常行为让他的臣子们无法再忍耐。最后终于完成了他的哲学问题——自杀。

卡里古拉是主动去找死的。他看上去神志有了问题，但他告诉大家，他其实这时候特别清醒，而只是周围人在荒诞世界已经变得麻木，他们长期生活在惯性中，在命运面前显得无能为力。他希望唤醒人们，他用荒诞的举动，要将不可能之事变为可能——实行暴政，激起人们的反抗，并最终被众人杀死。被加缪安排以特殊方式自杀的卡里古拉，在加缪看来并不糊涂，他是提醒人们在荒诞中认识生命的意义。最后时刻，卡里古拉喊着"历史上见"，则更加意味深长。

之后，在加缪的哲学体系中，关于自杀的哲学命题逐渐充实。他说到了自杀的两种类别：生理自杀和哲学自杀。"生理自杀"是人自愿以

---

① 柳鸣九主编：《加缪全集》，散文卷 I，77 页，上海，上海译文出版社，2010。

某种行动结束生命，它表现了人对现世生活的绝望，人绝望并终结于无意义无价值的人生。以肉体的毁灭来逃避荒诞，这其实是一种变相的利己主义。自杀同时是一种虚无主义的体现，是精神在面对荒诞后无处着落所做的选择。"哲学自杀"是人放弃现世生活，寄希望于虚无缥缈的未来，沉醉于对具体现实的"超越"，走向神秘的"彼岸"或来世。加缪批判了这种基于荒诞，而又借荒诞为跳板在生活之外寻求意义的哲学。这种自杀被加缪称为存在主义的表现。

这三部作品有着共同的哲学基础，所反映的哲理内容就是荒诞。加缪在《阳光与阴影》里自信地称，这三部作品，毫无愧色地构成了他创作的第一阶段。在同一个时期，三部作品探讨的问题都以荒诞为核心，而分别用了小说、随笔、戏剧三种文学形式，内容上互为补充，形式上相得益彰，三箭连发，震惊了法国文艺界。《局外人》和《西西弗神话》成了加缪之后文学作品中的创作母体。很显然，这是作者对同一个哲学命题早已经深思熟虑的结果。

3. 反抗系列

　　加缪和萨特的哲学理论最初是一致的，都是发现了荒诞。只是萨特认为人对于这个荒诞的社会是无能为力的。而加缪的哲学主张是，既然发现了荒诞，必须要奋起反抗。对待荒诞，加缪所主张的是"反抗"。加缪把荒诞定义为一种对立和较量，一种无休止的斗争，这种斗争意味着取消希望和不断拒绝。首先是正视荒诞。荒诞只在人们与其疏远时才死亡，选择反抗，是唯一前后一致的哲学立场。

　　关于反抗的意识已经确定了，用什么事件来形象地阐述这个哲理，是加缪在头脑中思考的问题。加缪在完成了荒诞三部曲后，沿着原有的思路，立刻就着手进行《鼠疫》素材的搜集和整理。在 1941 年至 1942 年，阿尔及尔曾经闹过瘟疫，这个给了加缪启发。但是，文学的形象性不是就事论事，加缪实际上是想对第二次世界大战进行抨击。1940 年 6 月 14 日，希特勒军队的铁蹄就踏进了巴黎市区，很快，由纳粹扶植起来的法国傀儡政权维希政府开始运作。这年的冬天，加缪带着妻子离开沦陷的巴黎，来到了阿尔及利亚的奥兰城教书，在这里一共住了 18 个月，正是这　段生活经历，他看到了战争灾祸、恶势力猖獗。当时处丁法西斯专制强权统治下的法国人民，除了一部分从事抵抗运动者外，就像欧洲中世纪鼠疫流行期间一样，长期过着与外界隔绝的囚禁生活。在这个历史背景下，他创作出了小说《鼠疫》。他对这部小说投入了巨大的心力，前后共花了 5 年时间创作，他赋予这部小说强烈的使命感和道德感。

加缪描述了灾难下的一种荒谬。地中海海滨城市奥兰爆发了一场鼠疫。人们在街道上发现了大量的死老鼠，接着从医院看门人米歇尔死去开始，市民就接二连三地死去，甚至达到了每周 700 人。全城都笼罩在低压当中，生活在"鼠疫"城中的人们，不但随时面临死神的威胁，而且日夜忍受着生离死别痛苦不堪的折磨。疫情发展之猛迫使政府决定"正式宣布发生鼠疫，封闭城市"。

一场人与鼠疫之间的斗争展开了。一些人设法适应这种禁闭的生活；另一些人则一心想逃出这个灾难的牢狱。人们虽然恐惧地意识到了灾难的降临，但都是想着怎么自保，别人的生死则与己无关。人们漠然地看着这灾难的城市。书中描述了在灾难面前，各种人物的心理和性格变化。医生里厄和知识分子塔鲁组织起了第一支志愿防疫队，组织卫生防疫是为了唤醒那些被这突如其来的疫情吓得不知所措的人们，鼠疫既已发生，为了使尽可能多的人不死，尽可能多的人不致永远诀别，那就应该进行必要的斗争，抗疫是大家的事。很快，一些人被动员起来了。老卡斯特尔满怀信心，使出全部力量，就地取材制造血清。失意的小公务员格朗贡献出自己的业余时间，埋头担当起卫生防疫组织的秘书工作。因鼠疫的突发事件而滞留在城里的记者朗贝尔，为了爱情正想方设法逃离出城，然而他希望里厄同意在他离开之前，能跟大家一块儿干一阵子。唯有走私商人科塔尔幸灾乐祸，这期间，他忙于黑市买卖，希望鼠疫无限期延续下去，以逃避刑事判处。

里厄医生是整个奥兰城灵魂一样的人物。他是奥兰医院的普通医生，一个平凡的人。他率先担起保卫生命、保卫城市、保卫尊严这一神圣而高贵行动的责任。他是一位热爱生命、有强烈公共职责感的人道者。他不仅医术高超、正直善良，同时也是这座城市里对一切事物感觉最"正常"的理念最清醒的人。里厄医生认为"看到它给我们带来的苦难，只有疯子、瞎子或懦夫才会向鼠疫屈膝"，因此，里厄不能接受神父帕纳卢对鼠疫的"天意根源"的阐释和"集体惩罚"的说法。虽然医生的职业使他明白，对鼠疫的胜利是暂时的，这次鼠疫对自己来说意味着"一连串没完没了的失败"，然而这并不能成为不向疫病做斗争的理由。他清晰地认识到自己的责任就是跟那吞噬千万无辜者生命的毒菌做斗争，并且在艰苦的搏斗中，他看到爱情、友谊和母爱给人生带来的幸福。里厄医生不是孤军作战，他最后认识到只有通过一些道德高尚、富有自我牺牲精神的人共同努力，才能反抗肆无忌惮的瘟神，人类社会才有一线希望。里厄医生的思想和行动说明作为平凡人的真实性，而其全部力量都在于：他知道一个人必须选择承担，才是自尊和有价值的。

《鼠疫》是一部具有象征意义的小说。加缪借鼠疫这个现实存在的事件，反射出了对当时欧洲现状的担忧。法西斯就是一场"鼠疫"，德国人侵占了法国，奥兰城里生活受到鼠疫威胁的人，实际上就是在欧洲生活的德国人的囚徒。加缪在《鼠疫》的创作手法上，受到美国作家麦尔维尔著名的长篇小说《白鲸》的影响。他很赞同麦尔维尔"根据具体事物创造象征物，而不是全凭幻想进行创造"这个观点。在《白鲸》中，白鲸是邪恶的象征；在《鼠疫》里，鼠疫是纳粹以及极权主义的象征。《鼠疫》既是对奥兰城里鼠疫的叙述，更是纳粹阴影下的欧洲的真实写照，生存的现实看上去不仅是荒诞的，而且是可怕的。加缪借用《鼠疫》表达了自己对荒诞的态度是：面对荒诞，必须要进行反抗。

《鼠疫》中，代表了"生理自杀"的是奥兰城那些被动地受到鼠疫侵害而束手无策的没有觉醒意识的市民。而代表"哲学自杀"的是帕纳卢神父，他的两次布道，是从宗教世界观出发，认为鼠疫是上帝对人的惩罚，唯一的办法就是一切听凭上帝的安排。他代表了依赖虚妄的神而放弃现实抗争的消极人生态度。而《鼠疫》里的里厄医生，发现了疫情，立即投入了救治工作，代表的是积极的反抗，是荒诞的对抗者。《鼠疫》作为反抗系列的第一篇，比起《局外人》已经有了一个质的提升。荒诞三部曲是发现并揭示荒诞性，而到了反抗系列，就表示进入了全面反抗的阶段。

《鼠疫》完成于 1946 年，1947 年 6 月在巴黎出版。一问世，就取得了极大的成功，深受读者欢迎，两年之内重印 8 次，总共将近 20 万册。这本小说不仅在法国引起了很大的反响，甚至在美国也成为畅销书，引起了读者极大的兴趣。《纽约时报》刊载评论称，《鼠疫》是个伟大的预言，很少有人读了它而无动于衷，这是因为加缪用了最简单的语言叙述了普通人面对一场灾难时一些最简单的行为。虽然引人入胜、瑰丽奇异、慷慨激昂也会使读者感动，但是这种感动不大会持久。真正能使人的心灵深处燃烧起来的，还是战胜一场突如其来的灾难的平凡的、每日都在进行工作的人们。这正如加缪所希望达到的阅读效果，"这部作品适合多角度地解读"。这是加缪第一次获得绝对的、无可争议的成功，远超过了《局外人》。《局外人》的问世在社会上引起的反响很大，也将加缪的名气带动了起来，但是，《局外人》得到的批评很多，而最让加缪失望的是很多人没能真正读懂他想要表达的荒诞性主题。而《鼠疫》的成功是征服了广大读者的最彻底的成功。尽管每个阶层的人有不同的理解，但是大家都喜欢读这本书。读者们在各个层面上，都能读懂书中蕴含的意义。

不久，他赢得了受人尊敬的法国"文学评论奖"。向来是语不惊人死不休的法国评论界，这次对《鼠疫》写的大部分的文章都是称赞的话，除了受彼亚指使的纳多在《战斗报》上对加缪进行了站不住脚的攻击外。在纳多文章的最后，他质疑加缪获得的"文学评论奖"是伽利马出版社暗箱操作的成果，因为这个奖项的评审委员有伽利马出版社的成员。加缪获奖对出版社和加缪都有好处——伽利马出版社得到好名声，而加缪可以得到 10 万法郎的奖金，可以让一家人能过上稍微好一点的日子。这个说法让加缪怒不可遏，他清楚自己绝对不是为钱写作的作家。为了以示清白，他没有去领那 10 万法郎的奖金。

加缪反抗荒诞、反抗恶的主题在他的作品中一步步提升。在《鼠疫》中，对荒诞的反抗与斗争，还带有某种个体和小群体的性质，而 1949 年出版的剧本《正义者》中，对荒诞的斗争已经成为社会历史范畴里的问题，带有十分具体的历史的确定性。

《正义者》剧本取材于 1905 年的俄国革命，以革命党人一次真实的刺杀事件为蓝本，加缪出于对这些勇敢的人的敬佩，甚至保留了这个事件真实主人公的姓名。在黑暗的沙皇统治时期，到处充满了奴役、追捕、压迫的暴政，人物对荒诞的认识是清醒而明确的，革命党人计划除掉皇叔谢尔盖大公，用投掷炸弹的手法将其炸死。主人公卡利亚耶夫负责执行这次任务。就在他得到了确切的情报，准备实施行动时，他发现和大公在一起的还有大公年幼的侄儿侄女。卡利亚耶夫犹豫了，虽然大公很可恶，但是儿童是无罪的。于是，他放弃了这次行动。这让剧中另一位主人公斯切潘同他起了争执。斯切潘是一颗真正的怨恨种子，他是一个从苦役犯监狱里逃出来的坚决的革命者，他坚定地认为一个真正的革命者不能有爱。他"战斗多年，担惊受怕，暗探，监狱……最后还有这个（身体上的累累鞭痕）。我上哪儿能找到爱的力量，可我至少还剩下恨的力量"。[1]正是恨点燃了斯切潘心中革命的火焰。而且，此人是一个狂热得近乎偏执的理想主义者，很多事物经过他的诠释，都会变得绝对和极端。他固执地认为大地上只要还有一个人受奴役，自由就是监狱。他有着冰冷的心肠，对他来说，革命就是毁灭现存的他所恨的一切，哪怕是用枪顶着一个孩子开火，哪怕与全国不同意他所认定的不顾一切革命的人为敌。斯切潘的一番谈话已经扭曲了革命真正的意义，他要求的是完全的正义，那就是等同于绝情的杀戮。而在卡利亚耶夫的心目中，他是为了爱去革命，革命的目的是更好地享受自由，更好地去爱。面对斯切潘的狂热，卡利亚耶夫看到了一种专制主义恶魔，那恰恰是他们一直要反抗的政治形式。

最后卡利亚耶夫还是顺利地完成了任务，炸死了谢尔盖大公，并被投进了监狱，在监狱里，卡利亚耶夫与大公夫人有一段激烈的交谈，他拒绝了大公夫人让他向上帝忏悔的建议。他不想升入天堂，"我的约会是在大地"。卡利亚耶夫的爱是大地上的爱。它能使世间温暖，心灵安宁，这正反映出加缪伟大的人道主义精神。

《正义者》向人们展现了尊重生命、热爱生活、追求真爱的人道主

---

①柳鸣九主编：《加缪全集》，戏剧卷，229页，上海，上海译文出版社，2010。

义良知。它不主张以正义之名，任意剥夺他人自由和生命的权利。加缪提出，必须清理杀人的问题：如果杀人有道理，也必然要求正义者以自己的生命代价作为救赎的条件。若没有道理而杀人，那便是我们处在了疯狂之中，没有别的出路，只能重新找到另一种后果或者改变方向。加缪通过"正义者"对非正义世界的重铸，传达了他的人道主义精神理想。

同荒诞三部曲一样，加缪的反抗系列，也是由小说、戏剧和哲学理论随笔构成。在《鼠疫》和《正义者》之后，他于1951年10月出版引起全法国知识分子关注的《反抗者》。《反抗者》是加缪用了数年时间完成的一部哲学随笔，在1943年就开始酝酿。《反抗者》开篇第一句："何谓反抗者？一个说'不'的人。然而，他虽然拒绝，却并不放弃；他也是从一开始行动就说'是'的人。"①这也是他在1945年写的一篇《关于反抗的思考》文章里的原句。

《反抗者》指出：压迫具有反人性的性质，它伤害了正义，从而导致必然的"反抗"。并不是现实中所有反抗压迫的行为都可以称作"反抗"，反抗不等于革命，反抗是生命自救，是坚持自我独立和清醒认知。大部分革命的形式与特点就在于杀人，几乎所有的革命都曾经是杀人的。而在当时，许多知识分子闻着革命者身上散发的血腥味儿兴奋异常，加缪却对此深感厌恶。他摒弃把革命视作唯一的信仰，一次次的"流血"革命只是从一个极权主义换到另一个极权主义，他并不认同这些推翻一个统治集团而不改变政府体制的革命行为，这只是一些人借革命的手段来达到自己的专权的目的。他认为极权国家的理论和实践一直是人类在

① 柳鸣九主编：《加缪全集》，散文卷 I，178 页，上海，上海译文出版社，2010。

历史和文明进程中必须面对的最大威胁。加缪的反抗有一个原则的界限：只为人自身的权利和内里价值完整而抗争。加缪认为，任何一个反抗压迫的行动，不能沦为新的压迫，即不能滥用暴力，因为暴力本身就是压迫。根据这个认识，加缪对斯大林主义的真相予以揭露：警察国家的制度，被禁锢的人性，古拉格集中营罪恶等。革命使用暴力剥夺生命，突破了反抗的界限，沦为了新的压迫，是不正义的。这些革命者不是"反抗者"，而恰恰是"压迫者"。

加缪提倡的这种"温和"的反抗，被萨特等激进的左派知识分子认为是虚伪的，有着右派的嫌疑。左派们和《正义者》里的斯切潘一样，要不惜一切代价地去革命，因此暴力的使用在所难免。而加缪所坚持的人道主义精神，对人类命运的负责态度，是任何一种浪漫主义和革命的理想主义所比拟不了的。他反对悲观和虚无，反对极权与暴力，反对专制与愚昧，他强调人要有尊严地活着。而历史上这些轮番的革命，就是不断杀戮的历史。反抗是为捍卫某种价值才说"不"的，他所要捍卫的这个价值并非属于个人，而是人性普遍的价值。

《反抗者》的出版，使加缪遭受了创作生涯中最严酷的寒冬。在巴黎，加缪处在舆论批评的飓风口，整个巴黎的知识分子圈子都想把他打垮。而那些为数不多的支持他的人则分散在各地，不在他的身边。

孤军奋战的加缪没有退缩，从发现荒诞到奋起反抗，从《鼠疫》里的个人与小集体的反抗到《正义者》里整个人类社会的反抗，加缪有着深厚的理论基础和实践经验。他本人经历过无产者的穷困、政治信仰的迷茫，他亲眼见证了民族的纷争、第二次世界大战给人类带来的痛苦、德国纳粹的蛮横强暴、苏联斯大林极权主义及其在世界范围里的影响——他正是从这些现实的生活中提炼出其思想的精髓，而写成《反抗者》一书的。他坚定地认为《反抗者》将是一本有反响的书，虽然这本书给他招来的敌人多于友人，他也绝不后悔。每个人都不希望自己有敌人，加缪也不例外，但是，如果重新再做一次选择，依加缪的风格，他仍旧会照原样写出这本书。就如他说的那样："一个作家应该以这样的精神工作：他虽然是众矢之的，但却十分执着；他虽然有时有失偏颇，但却主持正义。他敢于在众人面前不卑不亢地拿出自己的作品，他虽然经常在痛苦和美之间徘徊，但最终却能从中走出，在破坏中以顽强的精神从事新的建设。除此之外，还能期望他有什么灵丹妙药和更高昂的斗争意志呢？真理是神秘的，是不可捉摸的，它始终需要人们去寻求。自由是危险的，它使人振奋也同样使人痛苦。我们应该向这两个目标迈进，尽管困难，但却坚定不移。"①

《反抗者》的灵魂和核心内容是对普遍意义上的革命，尤其是对苏联和法国的革命提出了彻底与富有创见的质疑。他对"暴力"革命所持的否定态度，让正处在狂热期的法国左派激进分子愤怒异常，他们口诛笔伐，几乎所有的知识分子都远离了加缪，无论是左派还是右派。人们都带着政治观点来分析批评加缪的文章和思想，甚至有人卑鄙地对加缪进行了人身攻击。《反抗者》一书的出版，让加缪彻底陷入了孤立状态。特别是萨特的《现代》杂志上那次著名的论战，而 20 世纪文学界和思想界最轰动的新闻就是萨特和加缪的决裂。

①柳鸣九主编：《加缪全集》，散文卷 II，428 页，上海，上海译文出版社，2010。

4. 名满天下

尽管加缪已经被法国的知识分子圈子所排挤，这些人各怀心思，也许是忌妒，有的人是立场不同，但都改变不了的一个事实是，加缪的名气已经越来越大。加缪告诉人们，消极被动的时代已经过去，只要奋起反抗，就能获得自己想要的自由和尊严。一个新的精神导师诞生了。

作品的销路显示作者所获得的名气，而读者来信证明了作者受关注的程度。加缪尽管已经聘用了女秘书来处理这些读者来信，但是还是不断受到来自各方的骚扰，有诉说精神痛苦的、有请求修改文章的、有试图和他讨论思想观点的、约稿的、请求他加入某个编辑部的，都是名声惹的祸。在波伏娃看来，加缪在享受他的名气。尽管他曾轻松地表达过：几乎是一夜之间，我尝到了出名的滋味。我对此并不怀念。也许我还会因为出名而做更多的噩梦。现在，我知道它是什么了。根本没什么了不起的。

如果这些名誉不能让加缪兴奋的话，那么一个年轻人带给正在用餐的加缪一则重磅消息，则让加缪不淡定了。

1957 年 10 月 16 日，加缪和朋友正在餐厅用餐。加缪说到最近正被阿尔及利亚的独立问题搞得身心俱疲。对阿尔及利亚问题，他无论说什么做什么，别人都会指责，怀疑他的用心。这些话题显然影响了加缪的心情，用餐的气氛很沉闷。加缪瞥见餐厅的门被重重地推开，一个年轻人急切地冲了进来。加缪认识那个年轻人，是伽利马出版社的职员，他径直跑到加缪的身边，难以掩饰激动的心情，悄声告诉加缪，伽利马出版社得到了确切消息，他的名字出现在本年度诺贝尔文学奖获奖候选人名单中，他将很有可能获得今年的诺贝尔文学奖。加缪忽然站了起来，又坐下，然后起身走来走去，嘴里念叨着，本该马尔罗得这个奖。加缪一贯是个不自信的人，尽管他已经成了蜚声海内外的著名作家，但他一直是在质疑和被攻击中一步一步地前进。在《反抗者》出版后，有人就质疑过加缪的用心，认为他是在讨好瑞典皇家科学院，用他的伪革命、伪人道主义精神。如今，瑞典文学院真的将这个文学界人们都梦寐以求的桂冠授予他，他好像没有足够的思想准备，倒让他进退两难，思想备受折磨。虽然有过犹豫，但他终于喜忧参半地决定接受这个奖项。

加缪第一时间给母亲发了消息，加缪用满怀感恩的心情告诉她，说从没有像现在这么想念她。母亲卡特琳娜不懂什么诺贝尔文学奖，跟她解释那些没有用。龙凤胎儿女则讨论着是不是应该用一些特殊的方式引起瑞典皇家科学院的注意，如果有诺贝尔杂技奖，女儿卡特琳娜有雄心要试一试。弗朗西娜则开心地和加缪的女秘书一道上街去采购了上好的葡萄酒。

伽利马出版社开始运作起来了，开办了各种各样的酒会，来祝贺伽利马出版社的终身作家加缪获得世界性大奖。43岁的加缪是史上最年轻的诺贝尔文学奖获得者之一。法国总统按惯例致电获得殊荣的作家，称赞他为国争光。鲜花、拥抱，各种赞美，加缪成了媒体追逐的对象。作为诺贝尔文学奖得主，伽利马出版社为了应付读者的需求，又要开始加印加缪的书了。

当然，鲜花总是伴随着荆棘，来自不同阵线的批判也如加缪预测的一样多。经历过《反抗者》的被孤立后，加缪已经有了免疫力，什么也打击不到他了，甚至他还可以轻松地幽默一下。反对他的人包括彼亚，彼亚声称他靠着诺贝尔文学奖的奖金，终于可以过上好日子了；一些右翼分子在《人道报》上撰文说加缪获奖是因为他的文风已经患了动脉硬化。加缪对此轻松一笑，认为撰文者很有想象力。这些因忌妒而发狂的人们继续罗织那些对加缪不敬的言辞，而加缪很快就要动身去斯德哥尔摩领奖去了。一贯注重仪表的加缪，对这次的出行很慎重，亲自帮妻子挑选了一套宝石项链和水貂皮披肩，当然，都是租借来的。他邀请亲爱的妻子弗朗西娜和他一起见证这个人生最荣耀的时刻。

加缪和妻子以及伽利马出版社的米歇尔夫妇和克洛德夫妇，还有一些必要的随从人员，在寒冷的 12 月，到达了瑞典的斯德哥尔摩，这座本来是北欧一个名不见经传的偏远小镇。瑞典富商阿尔弗雷德·诺贝尔设立了诺贝尔奖，自从首届诺贝尔奖于 1901 年在瑞典颁发后，每年一度的文学界盛事让这里成了世界的文化中心。

1957 年 12 月 10 日，在即将举行颁奖仪式的音乐大厅，户外寒风凛冽，而鲜花和绿色植物布满了整个音乐大厅。今年各项诺奖得主将从瑞典国王古斯塔夫六世手中接过象征着世界顶级水平的荣誉。当典礼台上读到了阿尔贝·加缪的名字时，弗朗西娜眼里满含着幸福的热泪，而加缪略带腼腆的神情，迈着轻快的步子走上了讲坛，接受了瑞典国王颁发的获奖证书、勋章和大面额的奖金。瑞典文学院授予加缪 1957 年诺贝尔文学奖的颁奖辞对加缪是这样评价的："他作为一个艺术家和道德家，通过一个存在主义者对世界荒诞性的透视，形象地体现了现代人的道德良知，戏剧性地表现了自由、正义和死亡等有关人类存在的最基本的问题。"

在随后的获奖者致辞环节，加缪做了一次演讲。演讲的开始，他首先感谢了瑞典文学院授予自己的这一殊荣。他谦逊地称自己的事业刚在启动阶段，不配得到这样的殊荣。接着，他从自己作为一个作家的责任感出发阐述了自己的看法："作家，今天不能为制造历史者服务，它应该为生活在历史中的人服务。倘若不是这样，那么他的艺术才华将被剥夺……在他一生的际遇中，不管是处于低谷还是暂时的辉煌，无论是处于暴政的压迫下，还是能有暂时的言论自由，作家总能找到那种活生生的与群众的共通感，但他必须履行两个职责，即一个是为真理奋斗，一个是为自由奋斗，这也是作家这一职业的伟大之处。既然作家的使命是尽可能地团结最广大的群众，那么他就不应该在谎言和强制面前退却。哪里有谎言和强制横行，哪里就会死气沉沉。尽管我们个人有许多缺陷，但我们职业的高尚性，却总是使我们能够坚定不移地去做这两件很难做到的事：反对众所周知的谎言和反抗压迫。"①他在这个时刻，给那些《反抗者》的批评者以有力的回击。接着他回顾了自己文学创作20年来的历程，经历过各种苦难："我本人在20余年的彷徨求索过程中，在这个动乱的时代，像与我同龄的所有人一样，也曾孤立无援地迷失过路途，但我却是在这种孤立无援的感情中写作不懈，从而使我获得今天的荣誉，这就是我的行动。这种行动迫使我在作品中体现出我们同时代人的痛苦与希望。尽管我力不从心，但我在力所能及的情况下和与我有着同

① 柳鸣九主编：《加缪全集》，散文卷 II，426 页，上海，上海译文出版社，2010。

等经历的人一起努力。"①在致辞的结束，他再一次说到艺术家最应该恪守的品格就是忠诚。

在斯德哥尔摩的几天，加缪一行受到热烈的欢迎。在 12 月 12 日的斯德哥尔摩大学座谈中，加缪被大学生们问到了最敏感的几个话题。皇家瑞典科学院的秘书在对获奖者祝贺词中，仍然把加缪形容为存在主义者。事实上，加缪一直不承认自己是存在主义者，他的反抗思想和存在主义哲学也是完全不同的。所以，大学生想弄清楚，加缪到底是支持还是反对存在主义。加缪掷地有声地回答："我不是存在主义者。"加缪说明了他的反抗精神是从古希腊人身上获取的最初的哲学灵感，普罗米修斯是第一个反抗者。而存在主义是从 19 世纪的德国哲学家胡塞尔他们那个流派，加缪与他们毫无关系。在这里，加缪彻底划清了他和萨特的界限。另一个挑战来自一个阿尔及利亚人在座谈会上的严厉指责，他诘问加缪为什么不支持阿尔及利亚独立。面对这种问题加缪失控了，他没有了镇定自若的谈笑，而是口不择言地说道："我相信正义，但在捍卫正义之前，我首先要保卫我的母亲。"这个言论被《世界报》注意到并狡猾地企图加以利用。当《世界报》的主编和加缪沟通，提议加缪在《世界报》发表他对阿尔及利亚问题的看法，可以让他们双方都名利双收。加缪经历过这么多年的论战，轻易地就判断出他们的恶意，他们只是想借助加缪来给《世界报》增加销量而已。加缪断然拒绝了这个居心叵测的合作提议。阿尔及利亚的局势不是用来炒作的，而是真正需要冷静解决的问题。他已经决定就阿尔及利亚的问题出一本专集。

---

① 柳鸣九主编：《加缪全集》，散文卷 II，427 页，上海，上海译文出版社，2010。

　　加缪获得诺贝尔文学奖有两个温馨的背景故事：加缪获得这个奖项，也许有侥幸的成分。本来获奖呼声最高的是马尔罗，不过他因曾经拥护过戴高乐政府的政治行为，让法国现任政府对他难以信任。尽管失落，但马尔罗是大度的，作为加缪的先驱以及年轻时代的精神导师，他友好地接受了加缪的好意并回报以同样的赞扬。还值得一提的是，加缪把他在瑞典科学院获奖致辞题献给了他的小学老师路易·热尔曼先生，并声称如果没有热尔曼老师的关心，绝对不会有今天的阿尔贝·加缪。

第七章

母亲

两个人的历史，他们的血脉相通，却迥然不同。

她恰似这世上完美的化身，而他是沉静的怪物。

他投入了我们这个时代所有的疯狂中；

她穿越了这同一历史，却如同走过其他平常的时代。

她大部分时间缄默不语，只会用几个词进行表达；

而他滔滔不绝，

千言万语却无法寻到她仅以静默所表达的东西。

母亲与儿子。

——《第一个人》

1. 阿尔及利亚

加缪的身份，是"阿尔及利亚的法国人"，当地人一般称之为"黑脚"。加缪出生在阿尔及利亚，某种意义上说，他被自己的法兰西祖国放逐了，只是依然生活在母语之中，借此与自己的国家保持着最根本的联系。但加缪从小就把自己当作阿尔及利亚人，他享受着地中海的恩赐，形成了宽厚、善良、正直的好品质。正如他在《反与正》的序言里说的，尽管那时几乎一无所有，但却也生活得欢天喜地。在小说《第一个人》中，加缪深情地回到了自己的童年——那些在绿野上玩"木雪茄球"的小伙伴、在植物园偷摘椰枣的少年，那些分享一袋土豆片的简单友情……

加缪毫不掩饰自己对阿尔及尔的偏爱，他在散文随笔《婚礼集》当中，用了 4 个篇幅，倾尽笔墨向世人展现了阿尔及利亚的美。他笔下的阿尔及利亚，就是大海、阳光和沙滩，既真实又具有幻想性。他确信别人会爱上阿尔及尔的，是那些大家一眼就能看到的东西：每条街拐角处都能看到的大海、有些炙热的阳光和人的肤色之美，在这种肆意坦露与献祭之中，又总是浮动着一缕暗香。在巴黎，或许有人会怀念广阔的空间和鸟儿飞翔的翅膀；而在这里，人们至少是心满意足、别无所求的，因为每个人都可以真切丈量出自己的财富。加缪对养育他的土地的爱，让前辈纪德很喜欢这本书，纪德曾经把这本书当作礼物送给了他的女友。

在大学时期，他整日流连于阿尔及尔的大街小巷，抑制不住内心的喜爱。他曾骄傲地对他巴黎的同学描述过阿尔及尔，没有哪座城市能够像阿尔及尔这样既拥有历史留下的丰富遗产，又能拥有大海、阳光、灼热的沙滩和天竺葵、橄榄林、桉树林，在这里幸福触手可及。他不仅喜欢阿尔及尔的风光景色，还十分喜欢他自小就熟悉的人文习俗。阿尔及利亚人生来就充满自豪，并热爱生活。他们真诚热情，直来直去。脾气上来了就撸起袖子打一架，但转身又能在一起喝啤酒。加缪一生遭遇很多挫折，疾病、险恶的对手、全世界的不理解，他在任何一个地方受到的伤害，就会想着回到阿尔及尔待一段时间。当他从阿尔及尔再出发的时候，又会是"精神焕发，内心宁静"，地中海的大海、阳光、沙滩，让他找回了自我。他喜欢那个虽然不富裕，但是和平安宁的阿尔及尔。他的根在阿尔及尔，每次短暂的旅行，他都会拿那些地方和阿尔及尔相比较。作为一个作家，为了创作的需要，也会到处旅游，了解世界。不过，在阿尔及尔以外的地方，加缪永远会有流亡的感觉。

20世纪20年代的法国政治非常活跃，阿尔及利亚作为其殖民地，不可避免地卷入了政治事件中。一些民族主义者希望掀起一场无产阶级的革命，反对殖民主义，最终实现独立。而法国政府和法国共产党的意思是，土著人由于抗拒经济和社会变革，他们没有能力掌握国家，也没有能力掌握开发土地和地下财富的技术。他们已经被其资产阶级教友驯化得对大地主和宗教领袖唯命是从，因此他们的独立要求将有可能招致封建压迫。民族矛盾空前激化。

法国在第二次世界大战后在越南、老挝、柬埔寨重建殖民地，以胡志明率领的越南独立同盟会（越盟）成立政府，致力于越南民族独立，双方谈判破裂后，于1946年11月开战，史称法越战争。随着"越盟"

力量的壮大，逐渐攻占了法国在越北的控制地区，"奠边府战役"是越南人民抗法战争中具有重大历史意义的战役。1953 年 5 月开始，"越盟"军队对奠边府实施进攻，历时一年，取得了决定性的胜利。这场法国宗主国以完全失守而告终的战役，给了阿尔及利亚民族主义者极大的鼓舞。既然同为殖民地，越南可以战胜法国，阿尔及利亚完全也可以。越南抗法战争首先在行动上激励了阿尔及利亚人民。

而在思想和舆论准备上，1952 年 11 月，夏尔－安德烈·于连发表了《前进中的北非》，书中详细分析了非洲民族主义的觉醒和阿尔及利亚、突尼斯、摩洛哥的独立愿望。持类似观点的文章也纷纷出笼，这让阿尔及利亚民族主义者萌生了强烈的独立意识。

1954 年 10 月 31 日到 11 月 1 日的夜间，阿尔及利亚的好几个城市，都发生了有预谋的恐怖袭击活动。这些活动的组织者根本不懂政治。他们还没有暴乱的经验，只是一味地制造流血事件。他们袭击的对象包括一些市政部门，比如石油公司、电台等，甚至他们在光天化日之下，用冲锋枪打死一名小学教师。那个可怜的教师被错认为他们的暗杀对象；一个阿拉伯商人在关店铺门的时候，被袭击致死。民族阵线和法共之间的矛盾越来越尖锐，社会整个乱了套。

这引起了社会各界的不满。法国政府出面谴责这种恐怖行为。对民族主义阵线，国会的意见并不倾向于军事手段的镇压，而是致力于通过改善阿尔及利亚人民的政治待遇和经济生活来调和矛盾，承诺阿尔及利亚人和法国人享受一样的待遇。但这样的说辞并不能安抚民族解放阵线，他们的目的是要摆脱法国，建立一个主权独立的、民主的和社会的国家。人们在要么独立、要么镇压独立的二元对立中选择。

加缪提出，除了极左和极右之外，还有没有第三条路，那就是阿拉伯人和法国人能否找到一种友好相处的方式，就像他无忧无虑的童年时代。加缪对于目前的局势非常担忧。在自己的家乡，从小就生活的地方，每天都有可能会发生暴力事件。自己的母亲和舅舅却拒绝离开阿尔及尔，宁愿躲在家里不出门，也不愿意避居到法国，虽然在法国，加缪已经给他们准备好了新的生活。由萨特等激进知识分子发起了一些组织，他们强烈支持阿尔及利亚的独立。自由派人士，包括加缪最信任的让·格勒尼耶和安德烈·马尔罗也认为，殖民地政策肯定不符合社会发展的潮流。没有人理会加缪的美好愿望。

随着民族解放阵线的强大，法国政府感到了事态的严重性。阿尔及利亚民族主义者不仅对法国人，而且对同情法国人的本国人均采取了恐怖手段。当时的情形是，阿尔及利亚的暴力事件，已发展到了不给人以任何反省余地和斡旋空间的程度。他们互相制造了许多恐怖事件，所有的人都生活在仇恨中，没有任何调解的可能性。国家扩招了士兵，服役期也延长了，大批的新兵被充斥到阿尔及利亚。加缪的哥哥吕西安也应征入伍，阿尔及利亚的战争一触即发。

加缪是个作家，他最有力的武器就是手中的笔。《反抗者》的主旨就是反对以革命为借口的暴力杀戮，民族解放阵线恰恰就是以暴力手段来获取自己的统治权，就是加缪所定性的非正义的反抗。他为休战做了大量的宣传。在这里，《鼠疫》里的里厄医生重现了。加缪也同里厄医生一样，认为个人的能力太小了，希望团结起一些人的力量，一起为阿尔及利亚的休战做努力。他在所供职的《快报》上发表了一篇题为《在阿尔及利亚实行全民休战的呼吁》的文章，他说："我们可以在解决问题的方式和手段上求同存异。如果翻来覆去地对各自的立场纠缠不休的话，在目前只能加重我们国家的混乱和互相仇视。但却有一件事，至少这件事可以使我们大家团结起来，那就是对我们共同生存的这块土地的爱和由此而产生的焦虑不安。我们之所以焦虑不安，乃是因为面对着一个一天天变得愈加令人捉摸不定的未来，面对着一种日趋恶化的混战的威胁，面对着已经十分严重的经济情况在变得失去平衡。而且每天都在加重，这就很可能造成一种没有任何力量可以重振阿尔及利亚的局面。"[1]他的语气里充满了期望："我们今天所能团结的，仅是可怜的少数几个人，而他们所要求的，从世界范围看，也仅是使一小部分无辜者免受迫害。但既然这是我们的任务，我们就应该坚决去完成，以便将来不愧做一个自由的民族，也就是说应该做一个既不使用暴力也不受暴力迫害的民族。"[2]在这篇文章里，他充满了童年的回忆，希望阿尔及利亚回到几个民族融合的大家庭的状态。在这片土地上，法国人、阿拉伯人和柏柏尔人，在这里生活的历史已有数百年；所有这些人都应该共同生活在一起。他很罕见地在阿尔及利亚问题中，袒露了自己的真实想法："讲到阿尔及利亚问题，我唯一有资格讲话的一点是，作为个人生活的悲剧，我曾亲身经历过阿尔及利亚的苦难和不幸，并且尤其是对待那边的任何死者，不管是因何种原因而死去的，我都不能有也从未有过幸灾乐祸的情绪。20年来，以我绵薄之力，我尽可能地帮助我们这两个民族谐调起来。在历史的问答面前，可能有人在看到我这个顽固不化的、为两个民族的和解而说教的人的面孔时会发笑，因为历史的面孔前安排了两个民

---

[1] 柳鸣九主编：《加缪全集》，散文卷II，364页，上海，上海译文出版社，2010。

[2] 柳鸣九主编：《加缪全集》，散文卷II，370页，上海，上海译文出版社，2010。

族。而这个人却偏偏在这两个民族进行决死的斗争中，对双方都拥抱。而他本人，却无论如何也感觉不到这有什么可笑之处。在这样一个挫折面前，他唯一感到不安的，是不能使自己的国家避免过分的痛苦。"①说的都是肺腑之言，响应者却寥寥无几，没有人能阻止那铁了心要争夺政权的两个派别。加缪痛心地看着阿尔及利亚被蹂躏，不管是哪一派临时占了上风，阿尔及利亚生活的本地人都是遭殃的。他们厌恶战争，可是，他们没有发言权。

加缪总是不断地从希望走向绝望。他尴尬的身份和所处的立场，使他又一次被孤立了。他清楚地知道，无论是哪一方都没有把他当作自己人，法国觉得他不够爱国，民族解放阵线和激进的左派又觉得他是叛徒。如果可以选择，他并不想以任何政治身份介入到阿尔及利亚的战争中，他希望以一个对阿拉伯人满怀友爱之心的法国人的身份，去保护阿尔及利亚。但没有人能理解并支持他。在这种背景下，加缪悲哀地发现，自己在阿尔及尔和巴黎都找不到归属感。

阿尔及利亚陷入了动荡不安中。1956 年 1 月，阿尔及尔一些"自由派"人士聚集到一起，成立了一个争取和平委员会，面对目前一触即发的战争状态，他们邀请加缪来阿尔及尔做一次关于"和平休战"的演讲，加缪欣然同意。

加缪抵达阿尔及尔，感觉到阿尔及尔的政治和局势氛围日益恶化，街上随处可见荷枪实弹的士兵，到处是被破坏的痕迹。和平委员会派了两个人保护加缪，在来阿尔及尔之前，加缪接到过匿名电话，声称会对他不客气。1 月 22 日，会议地点"进步俱乐部"聚集了阿尔及利亚各

①柳鸣九主编：《加缪全集》，散文卷 II，363 页，上海，上海译文出版社，2010。

个阶层的人们，足足有 1000 多人。加缪和他的随行人员一起，刚抵达会场就遭到了聚集在会场外抗议者的攻击，他们高声叫着"处死加缪！"，也有人喊"加缪和我们在一起"。面对躁动不安的人群，加缪有些犹豫，他预感到他的演讲不会受到欢迎了。

加缪为这次讲演做了充分的准备，演讲的内容延续了《在阿尔及利亚实行全民休战的呼吁》里的思想，即重要的不是发动争取和平的运动，而是争取实现休战。加缪期盼着用真情感动人们，他称呼阿尔及利亚是"祖国"，他强调了他和在座的人一样，根扎在了阿尔及利亚。他希望人们跳出政治之外，作为一个普通的人，是不希望看到自己的祖国被摧毁破坏的。他担心斗争已经点燃了人们的激情，难以平息。他向一个土地上的两个阵营喊话：既不做刽子手，也不做牺牲者！

事实证明，这次的演讲确实失败了。不仅休战的期望化为泡影，而且两派都把加缪当作叛徒：右派和"黑脚"们本来对加缪抱有很大的希望，结果加缪没有明确支持阿尔及利亚属于法国；而左派和"民族解放阵线"痛恨加缪没有支持阿尔及利亚独立。就在演讲结束不久，民族主义者再一次发动了袭击。

阿尔及利亚作为法国的殖民地，多年来一直被看作是法国的一个外省，在阿尔及利亚居住着大约 100 万法国人。加缪便是法国到阿尔及利亚最早一代移殖民的后裔。加缪了解阿尔及利亚，他知道，经过漫长的历史岁月，法国移殖民与当地的阿拉伯人不断冲突的同时，也在不断地进行着融合，他们已将自己生命的根深深扎在了阿尔及利亚的土地上。在他们的心目中，阿尔及利亚的土地与自己的法兰西祖国是联系在一起的。如果阿尔及利亚独立，法国人势必要被驱逐，而这无异于将他们从祖国的领地上连根拔起。

阿尔及利亚问题一直是加缪心头的痛，被他称之为他的病灶，难以治愈的暗疾。自 1956 年的那次失败的演讲后，关于阿尔及利亚是否应该独立的问题，加缪已经不在公众场合表达自己的意愿了，因为他心里很清楚，别人逼迫自己对阿尔及利亚独立问题做个表态，并不是为了想找到更好解决阿尔及利亚问题的方法，只是想陷自己于不义之地。加缪是法国人，但是在阿尔及利亚成长，如果要他在法国和阿尔及利亚做个选择，那是他做不到的。这个也是很多人攻击加缪的一个借口，因为加缪没有在阿尔及利亚的独立问题上明确站队。面对同时来自左派和右派带有敌意的目光，他终于学会对阿尔及利亚问题保持沉默。

加缪终日埋头写书，再也不随便表达自己的意愿了。一直到 1957 年 12 月在瑞典斯德哥尔摩大学的一次座谈会上，一位阿尔及尔青年带有针对性地质问加缪，在阿尔及利亚问题上到底是什么立场时？加缪才终于说到了阿尔及利亚问题，说了那段著名的关于正义和母亲的话题。他宣称始终支持建立一个公正的阿尔及利亚，在那里两大族群可以和平地、平等地生活。他呼吁法国政府善待阿尔及利亚人民，为他们建立充分民主的政体，直到彼此的仇恨冰雪消融。他谴责恐怖行为。他极力谴责那种在阿尔及尔大街上不问对象盲目进行的恐怖袭击，那样会伤及无辜平民，也许某一天也会伤害到加缪的母亲。

获得了诺贝尔文学奖后的加缪，在当时是很有影响力的人物了。他再一次为阿尔及利亚的处境发声。加缪搜集了他 20 年来在几大报刊上所写的关于阿尔及利亚的文章编成他的《时文集》第三辑，命名为《阿尔及利亚纪事 1939—1958》，在这本书的前言里，加缪终于完整地表达了他对阿尔及利亚的立场："一个阿尔及利亚应该由诸多的移民组成，并且同法国联系起来，我认为比较好。而无须把一个阿尔及利亚同某一伊斯兰帝国相连，因为那样虽然实现了阿拉伯人的意愿，但却给阿籍法国人增添了许多痛苦和灾难，因为那样，便不可避免地要把那些阿籍法国人从他们那个天然的祖国给驱赶出去。如果能够有机会建立那样一个阿尔及利亚的话（我认为这种机会是很有可能的），我愿意不遗余力地促成这件事。相反地，我认为我不应该以任何方式和拿出哪怕一秒的时间来帮助建立另一个类型的阿尔及利亚。如果这另一类型的阿尔及利亚果真组成，并且反对或疏远法兰西的话，无论是出于自发的力量，还是出于纯自卫的力量，还是两种力量都不是，那对我都是一个巨大的不幸。我必将同其他几百万法国人一起消除这种后果，这就是我光明正大的想法。" [1] 他的理想是模仿英联邦建立一个联邦政府。在这个联邦政府里，两个民族共同管理自己的事务，比如税收问题、财政预算等与人民生活密切相关的问题，甚至是国防以及公民权问题，都由他们自己去互相协商解决。

很多人认为他的这番言论是"癫痫"发作时候才说的话。在 20 年来对阿尔及利亚问题上，加缪自知，这是一个人与他所处的环境之间旷日持久的对抗，与诸多的错误、矛盾和踟蹰的对抗。他的方案，在那个非黑即白的二元对立的年代里，根本就没有人能听得进去。《时文集》第三辑于 1958 年 6 月 16 日出版发行，销售量非常小。人们对他的回忆和呼吁丝毫不感兴趣，所有的人都为自己的目标在算计，没有人肯听加缪说那些"不中用"的休战、人道主义。

---

[1] 柳鸣九主编：《加缪全集》，散文卷 II，292 页，上海，上海译文出版社，2010。

2. 母亲

　　母爱是加缪心目中最伟大的感情。加缪的母亲卡特琳娜·埃莱娜·桑德斯是个命运多舛的女人。从小身体就虚弱。因为患过脑膜炎导致她听力障碍，智力也不怎么样，不过长得还算五官端正。她没有读过书，一直以来，只是沉默地做工。和加缪的父亲组建了家庭后，在幸福美满中度过了一段时间，然而好景不长，她的丈夫在战争中为国捐躯了。卡特琳娜从此便生活在没有情感、没有喜怒哀乐的沉默世界里。母亲的遭遇，加缪在《第一个人》中全部描述了出来。《第一个人》是他打算题献给母亲的书。

　　加缪在贫困的少年时期，在脾气暴烈的外祖母身边，在最需要母亲保护的年纪，几乎没有感受过母爱。在《反与正》里，加缪写自己的母亲是不偏不倚地爱每个孩子，并且从不表白。加缪一直不确定母亲是否爱自己。直到有一次，他无意中听到城里那位无嗣而又富有的姨妈向他的母亲夸奖他时，母亲温柔地肯定地回答说，他很好，他很聪明。他瞥见了母亲说这话时，目光微微闪烁，热烈，而且充满了温情。他一直以来希望全身心地被母亲所爱，终于他得到了肯定的答案，母亲是爱他的。在一次偶然提前放学归来时，他看到了肩部突兀，骨瘦如柴的母亲："她已习惯黄昏时走上阳台。她搬来一张座椅，将嘴巴贴在冰冷咸涩的铁栏杆上。她观望着熙来攘往的人群。在她身后，夜色愈来愈浓。街上的人越来越多，照明越来越亮。她漫无目的地张望，变得魂不守舍。"[①]看到如此落寞的母亲，这以后，让加缪再也没有怪过母亲，哪怕是对她轻微的埋怨。懵懂之间，孩子以为这就是对母亲的爱。母亲坐在阳台上的身影给加缪的印象特别深，这可以说是他顿悟了他对母亲的感情，激起了他要保护母亲的强烈愿望。他怜惜自己的母亲，希望自己立刻就能有能力保护自己的母亲。

母亲的性格形成，一部分是受到蛮横的外祖母的欺压。外祖母用专门的牛筋鞭来抽打她的儿子，这让做母亲的很难过，但是，她从不敢表露。加缪不愿意忍受午睡的寂寥而跑出去和小伙伴玩耍，回来被外祖母揭穿了谎言而遭受鞭打时，母亲不敢阻拦。当盛怒的老太婆打过了加缪，卡特琳娜读懂了母亲不再深究孩子错误行为的神情后："母亲迅速地瞄了一眼外婆，将他如此喜爱的面庞转向他：'喝汤吧，没事了，没事了！'此时他才开始哭出来。"[②]当加缪成年后，有了很大的成绩，成了一个名人。母亲不明白加缪到底在做些什么，但是她感到高兴的是儿子是一个作家，是一个受人尊敬的人。加缪经常回到阿尔及尔母亲处去看望她。母亲的拥抱能让儿子感受到内心隐秘的爱，而不是礼节性的。母亲先拥抱加缪一下，然后松开手仔细地看看他，然后再深深地拥抱，如此反复地总是要拥抱三次。患得患失的心情让她忍不住说："我的儿子，你可真远啊！"[③]然后又觉得自己做得有点过头了，被儿子窥出了自己的内心世界，那是任何人也无法抵达的秘密。

---

① 柳鸣九主编：《加缪全集》，散文卷Ⅰ，22页，上海，上海译文出版社，2010。

② 柳鸣九主编：《加缪全集》，小说卷，485页，上海，上海译文出版社，2010。

③ 柳鸣九主编：《加缪全集》，小说卷，486页，上海，上海译文出版社，2010。

母子是一样的性格，加缪从来也没有表达过对母亲的感情，甚至一句赞美母亲漂亮的话都没说过，这倒不是怕母亲难为情，或是母亲的冷淡会让自己扫兴。加缪只是不想破坏和母亲之间这种平衡关系，不想跨越那道无形的屏障，那是母亲用温柔、礼貌、随和甚至是被动来保护自己的柔软的外壳。加缪和母亲在一起时，各干各的事情。母亲坐在临街的饭厅中，好似不再留意他，脑袋里什么也没有想，有时候给加缪的感觉是，会不会因为他的到来叨扰了母亲正常的生活，而让她有点不习惯了。他们母子俩确实很少介入彼此的生活，他的婚姻、他的家庭，母亲一直远远地观望，很少和他们在一起生活。但她默默地记挂着他们，加缪和弗朗西娜的龙凤胎儿女有时候会收到被他们称为"阿尔及尔奶奶"寄来的礼物，是一些非洲土特产。加缪和母亲在一起时静坐着，不用找什么话说，加缪尤其没有主动和母亲说过什么，但是这没有什么关系，他是她的儿子，她是他的母亲，安静地相对坐在一起，这就胜过所有的语言表达。

他在《鼠疫》里塑造了里厄医生的母亲，也是喜欢待在安静角落。他想母亲是理解他的，他也同样能懂母亲的想法："他知道母亲在想什么，这会儿她是在心疼他，他也明白，爱一个人算不了什么，或者至少可以说，爱永远不可能有自己确切的表达方式。因此他母亲和他今后也只能默默地守望。总有一天会轮到她或他离开人世，可是在生前他们之间谁也未能进一步倾诉母子之爱的衷情。"①

加缪最为法国的左派知识分子所诟病的是他在阿尔及利亚独立问

①柳鸣九主编：《加缪全集》，小说卷，275页，上海，上海译文出版社，2010。

题上的模棱两可。可是，他们没有设身处地为加缪着想过。就算抛开一切政治因素以及加缪与生俱来的人道主义精神，单说阿尔及尔有他的母亲在，并且，他们固执地不愿意离开自己的家园，就使得加缪要比其他人考虑得更多。加缪曾经把母亲接到法国居住了一些日子，母亲整天从阳台朝外看，她不禁怀念起阿尔及尔里昂大街的热闹街景：林立的商店、咖啡馆，人潮拥挤的市场街上人声鼎沸。尽管她的耳朵不好，但是还是能模糊听到人们操着五花八门的语言——法语、阿拉伯语、意大利语、西班牙语，还有不时传来的手鼓和响板的伴奏声，"咻咻"的驴嘶声，有轨电车经过时"叮当叮当"的铃声。她不喜欢法国，但是也不知道如何表达，只能根据自己的直觉说这里没有阿拉伯人，而且听不到有轨电车的声音。从母亲和舅舅的坚持中，加缪推导出普遍的阿尔及利亚的法国白人的真实想法。虽然他们是白人，但是从小接受的就是地中海文化。阿尔及利亚的独立，会让他们失去自己赖以生存的家园。包括加缪自己在内，他心里坚定地认为，如果阿尔及利亚一旦独立，他肯定会离开。占阿尔及利亚人口三分之一的法国白人，顷刻间会流离失所，痛苦不堪。

母亲一直过得很清苦，所以很难从脸上找到笑容。直到孩子们供养了她的生活，她才从艰苦的劳作中解脱了出来。加缪对母亲的爱是完全的，超越任何理由。母亲这一角色对于地中海人来说，就是一切，是需要保护的对象。阿尔及利亚人的道德准则是绝不能对自己的母亲"失敬"。所以加缪在他的小说《局外人》里，原本罪不至死的默尔索被判了死刑，最根本的原因是他不关心母亲的态度激怒了大家。

和默尔索形成对照，加缪把母亲放在了自己心里最重要的位置。他在斯德哥尔摩大学座谈会上关于母亲和正义的选择——我相信正义，但在捍卫正义之前，我首先要保卫我的母亲。这被舆论指责为"蠢货的言论"。但加缪想到的是，在阿尔及尔发生的那种盲目的恐怖袭击，迟早有一天会伤害到他的母亲，他被气愤冲昏了头脑，说了一句给别人抓住把柄的话。但他又显得十分清醒并且坦诚直率，他甘愿冒天下之大不韪，决意要说出口。他是告诉世界，自己对母亲的爱至高无上！在加缪看来，如果放弃对母亲的爱，谈其他爱，都会显得苍白。在这个荒谬的世界，我们太缺少爱了。

当加缪遭遇车祸后，大儿子吕西安不敢把这个消息告诉老太太，他怕母亲受不了。作为一个苦难的女人，丈夫是战乱之中横死的，儿子是意外车祸横死的，两个人都是如此的年轻，两个人都是她的挚爱。加缪的母亲熬过了生命里最后的 9 个月后，在他们曾经居住过的贫民区里沉默地死去了。

第八章

大地
夏日
大海

这太阳、这海洋，

我那跳跃着青春的心灵、我那散发着咸味的躯体，

温情和荣誉就在这环境中，在黄蓝交织中汇合。

我的力量和才能就应当用在征服这 切上。

这儿的一切都听任我完好无缺，

我不放弃自身的任何东西，

也不戴什么假面具。

——《蒂巴萨的婚礼》

1. 魂归鲁尔马兰

正如彼亚说的那样，加缪获得诺贝尔奖就能改善他的生活了。在过了40多年的居无定所、贫困交加的生活后，他从瑞典国王手中接到他有生以来的第一笔巨款，18776583 法郎。

首先，他花掉了几乎一半的奖金，在鲁尔马兰购置了一座旧城堡。他一直非常厌恶法国，而阿尔及利业也回不去了，既然手里有了这么一大笔钱，总得找一处心仪的住所，也好让自己有个安静的创作环境。这里远离了那个让加缪有所成就又让他痛苦不堪的巴黎。他曾经和让·格勒尼耶来过南部的鲁尔马兰，他被这里安静的环境和美丽的景色迷住了。更重要的是，这里起伏绵延的葡萄园，和阿尔及利亚风格有点接近，他想到了母亲在这里应该可以适应。于是他做了决定。

这一次，加缪极其难得地投入到新居的修建中去。以前他曾经为弗朗西娜在生活细节上的纠结感到恼火，他对家里的陈设从不考究，但是对于这座房子，他不仅参与了设计和改建工作，还亲自去当地的古玩市场购置了一些艺术品，用来布置装饰房间。

他十分喜爱鲁尔马兰的新居，他在他的手记里写道，新居的玫瑰娇艳欲滴，迷迭香也开花了，还有紫色的鸢尾花。在这个不足600人的安静美好的小村庄里，加缪独自一人，专心致志地创作带有自传性质的"最好的小说"《第一个人》。加缪曾经说过，要将这部作品写成类似于列夫·托尔斯泰《战争与和平》那样的传世著作。

在鲁尔马兰，当地人并不知道加缪的名声，倒是来这里旅游的游客经常能认出他来。加缪很厌恶被陌生人打扰，有时接到慕名打来的电话，他会谎称自己是园丁，并说加缪先生出门去了。如果偶尔有几位好朋友来拜访，加缪当然会很高兴，他们的到来调节了加缪的孤苦郁闷。

离开了热闹的社交圈，离开了朋友们，离开了家人，加缪独自在这与世隔绝的宁静的避居地。他反思自己在法国的那几年，为了能融入法国的知识分子圈子，自己做了很多努力，终于成为法国文学界的精英。这以后，他希望按照自己的意愿来介入社会事务，可是却没有人能赞同他、理解他。在法国他是很孤独的。如今无拘无束地漫步在鲁尔马兰的乡间，心里再不会想到从前那些纷乱烦心的事情，心甘情愿地承受孤独。这种孤独，却能让自己安静而自得其乐。他坦言，在某种谎言中度过半生之后，现在他必须重建一种真实的生活。他全新地规划自己的生活，计划将今后的时间全部用于文学创作和戏剧编排。

为了写《第一个人》，他认真地寻找祖先们的遗迹。就像写真正的传记那样。在这本小说中，加缪第一次对于父亲有了全面的追溯。从母亲口中，他得到了父亲更多的资料，那个命运悲惨的妇女，并不愿意多谈她故去的丈夫，甚至她从来没有祭拜过他的墓地。自从他死后，她便彻彻底底地将他忘记了。作为儿子，加缪沿着父亲生前的轨迹，去寻找他们家族的过去。在美丽的鲁尔马兰，他灵感迸发，完全沉浸在他的这部关于他家庭的书里。

有时候过快的工作节奏和完全孤独的滋味，让加缪也不好受。他把在这里的日子称为修道院一样的生活，仿佛是在惩罚自己。但是他自己又称这样是必要的。他非常高兴自己的心境能完全不受外界的干扰，他希望在自己创作灵感汩汩而出时，一鼓作气地完成这部著作。

鲁尔马兰是个美丽而又文艺的地方，吸引着各地的游客慕名而来，可是这里却是个传说中有点不祥的地方，总会给某些人带来厄运。村落里的城堡有着"普罗旺斯的梅迪奇家族别墅"的别称，是加缪最喜欢的地方。这座城堡可以追溯到 15 世纪和文艺复兴时期。1925 年，由从杰出的历史学者转身成为哈恩石油老板的罗伯特·劳伦特 – 维贝尔买下这座城堡，并且展开修缮保护计划。然而他在买下城堡的不久，便在一场车祸中丧生。

不幸的是，历史再一次重演，一场几乎同样的悲剧即将发生。

1959 年年底，弗朗西娜和孩子们来到鲁尔马兰，加缪全家在一起欢度快乐的圣诞节和元旦。最好的朋友勒内·夏尔和米歇尔·伽利马一家也来了，和加缪一家在一起欢度新年，那么多人整天在一起谈笑玩耍，气氛特别热闹。

一切都似乎是在宿命中。在 1960 年的新年即将到来的时候，加缪按习惯给母亲还有几个最亲爱的人都写了信。诡异的是，他几乎在每封信里都有着永别的意味，用了一些很奇怪的措辞，比如"这是最后一封信"一类的词句，仿佛预知了即将发生的不幸。

过完节后，原先约定好的是夏尔和加缪全家一起乘火车离开鲁尔马兰，米歇尔夫妇乘自家的轿车回去。到了要分别的时候，米歇尔没有尽兴，提议男人们都乘坐汽车，可以一路走一路游览。夏尔没有附和米歇尔的提议，加缪却欣然同意，临时改变与弗朗西娜母子一起乘火车的计划，搭乘米歇尔的轿车。蹊跷的是，米歇尔的夫人雅尼娜本来是坐在副驾驶上的，为了让加缪和米歇尔更好地谈话，雅尼娜坐到了后座。

大家一路谈笑着行驶在宽阔笔直的大马路上，米歇尔的法赛尔·维加汽车是他的心爱之物，马力强劲。道路两旁微雨后草木清新，加缪和米歇尔热情洋溢地讨论着小说《第一个人》，米歇尔还打趣加缪是不是要把众多女朋友都写进去。就在笑意融融之间，汽车突然失控，笔直地撞上了路旁的一棵树，被猛烈地弹回后，又撞上第二棵树。坐在副驾驶上的加缪被强大的冲击力直接抛到后窗，整个脑袋穿过玻璃，颅骨严重破裂，脖子被折断，当场死亡。米歇尔被甩出汽车，处于昏迷状态，经过抢救无效，也死了。而后座的雅尼娜和其养女安娜被甩出了汽车，伤势不严重。

加缪黑色的公文包落在远处的泥泞的田野里，人们检查他的遗物时，发现里面有尚未完成的《第一个人》的手稿。手稿的第一页上，加缪将这本书题献给了他的母亲："送给永远不能读这本书的你。"书稿写到114页，故事的高潮尚未到来之际，结局却不期而至了。作家生命的终结，成为作家创作作品的最具行为艺术色彩的结局。

加缪的死使他的文学创作戛然而止，让人们不禁万分惋惜。回头细想想，肺结核病在当年是不治之症，加缪心里清楚自己是难享天年的。他和时间赛跑，一个意外，使他终究留下了遗憾，没有完成《第一个人》。

加缪的车祸事故，立刻成了爆炸性新闻，全法国的媒体都用头版头条来报道这个事情。在他猝然离世后，几乎全世界都和他缓和了关系，人们仔细而真诚地分析了加缪在世时的言行，得出了一个含糊其词的结论：加缪是个温和的保守派。

在所有悼念加缪的人中，最著名的要数萨特在《法兰西观察》上发

表的悼念加缪的文章。在文章里，萨特感情充沛一气呵成，他称赞加缪
是顶着历史的潮流，作为醒世作家的古老家族在当今的继承者，出现在
我们这个世纪。须知正是这些醒世作家的作品，构成了也许是法国文学
中最富有独特性的部分。萨特似乎完全抛开了他们曾经的敌对，他带着
包容的语气肯定加缪，他强调，无论加缪可能干些什么或作出何种抉择，
他始终是我们文化领域里的一支主要力量，始终以他自己的方式体现着
法国和本世纪的历史。尽管不知萨特心里是否真的认同加缪，但萨特的
这些肯定，是极公允而中肯的。

　　1960 年 1 月 5 日，按照加缪生前的遗愿，加缪的遗体被运回鲁尔
马兰，并安葬在那里。当天的《纽约时报》刊登了一篇社论："阿尔贝·加
缪在一次荒诞的车祸中丧生，他被偶然的厄运夺去了鲜活的生命，这实
在是最悲情的哲学讽刺。我们的时代，接受了加缪'荒诞世界'的哲学
观点，经过两次血腥的世界大战，以及受到氢弹的威胁，这一切真正荒
谬的行为，使我们能够接受加缪严肃的哲学，并使之存在于每一个普通
人的心中。"

2. 阳光与阴影

和许多伟大的人物一样，加缪生前并没有被大多数人所理解。

在他最有光芒的 40 年代，荒诞是他提出的最戏剧性，也是最含糊的哲学现象。人们经历着第二次世界大战的恐惧，感到前途渺茫，苦闷彷徨，人的生存面临严重威胁，失去了安全感，被绝望、孤独和无家可归的情绪所笼罩。人们急于寻找一种精神寄托，荒诞就是人们对世界妥协最好的解释。当人们都浑浑噩噩地生活在乱世之中，纷纷相信了存在主义、虚无主义、超现实主义时，加缪又提出了荒诞觉醒之后要反抗的哲学理念。他为世人指出了一条基督教和马克思主义以外的追求自由和尊严的人道主义道路。他的洞察世事的智慧、他的勇敢无畏的精神，使他在第二次世界大战之后不仅在法国，而且在整个欧洲乃至在全世界，成为他们那一代人的代言人，也成为下一代人的精神导师。

他的远见卓识显然已经超越了别的哲学家们的理解范围。萨特、布勒东等一帮人，纷纷攻击加缪不是哲学家。加缪也声称自己不是哲学家，尤其不是存在主义者，他鄙视那些目光短浅的所谓的正统哲学思想。他足以称得上是那个年代振聋发聩的思想家，也是那个年代最著名的醒世作家。他的作品在当年就被追捧，更是成为 20 世纪中最受读者欢迎的作家，完胜他的对手萨特。

加缪坚决反对极权主义，坚决反对暴力，他哀民生之多艰，充满了人道主义的情怀。美国文学家、艺术评论家苏珊·桑塔格在她的《反对阐释》一书中说道："卡夫卡唤起的是怜悯和恐惧，乔伊斯唤起的是钦佩，普鲁斯特和安德烈·纪德唤起的是敬意，但除了加缪以外，我想不起还有其他现代作家能唤起爱。他死于 1960 年，他的死让整个文学界感到是一种个人损失。"在她看来，加缪是 20 世纪文学具有"理想丈夫"形象的作家，同样描绘自杀、冷漠、罪咎、绝对的恐怖这些现代文学主题，却带着一种如此理智、适度、自如、和蔼而不失冷静的气质，使他与其他人迥然有别。

加缪去世后，曾经是他精神偶像的 20 世纪伟大的作家、时任法国文化部部长的马尔罗这样对加缪盖棺定论："20 多年来，加缪的作品始终与追求正义紧密相连。"

加缪给人的形象并不是一个刚烈的反抗斗士，他的哲学理论最终是落实到对人的自由和尊严的肯定上。美国作家福克纳在谈到阿尔贝·加缪的时候说："他有着一颗不停地探求和思索的灵魂。"加缪的特点就在于不断地思考人的处境，他的小说总是在严密的叙述背后，有着广大的哲学追问和终极价值的探寻。瑞典文学院在授予加缪 1957 年诺贝尔文学奖的颁奖辞中说，他对世界荒诞性的透视，形象地体现了现代人的道德良知，戏剧性地表现了自由、正义和死亡等有关人类存在的最基本的问题。

加缪不仅在西方哲学史和文学史上影响了后世的知识分子，更是被下一代年轻人奉为精神领袖，在 60 年代后期的欧洲大学生宿舍里，在贴着摇滚明星海报的墙上，也往往写着加缪的一句话："在隆冬，我终于知道，我身上有一个不可战胜的夏天。"这句话，被那一代人引用得最多。

作为文学家，加缪的文学创作伴随了其成年后的全部时光，他在 47 年的短暂生命历程中，创作出许多为他带来广泛声誉和争议的作品，包括 5 部小说、5 部戏剧、6 部改编剧、1 部短篇小说集、3 部散文集、3 部时政评论集。还有许多有待发现和整理的信件、笔记。

加缪的文学创作伴随其"荒诞哲学"的形成与发展，根据"主题"可大致分为三种。

"荒诞系列"描述世界的荒诞不经、事物的变幻无常、命运的不可理解、惯常生活的麻木机械，观照个体命运、个体行为与其精神状态，重视个体对其在世之中存在的主观体验，宣扬个体意识的觉醒，探讨个体面对荒诞付诸精神反抗的可能。

"反抗系列"展现人们遭遇的共同问题、面临的相似困境、经历的集体历史，描述主人公变个体的反抗为集体的斗争，由精神反抗走向实际的行动，以各自不同的反抗方式，走出孤独，走向集体抗恶，探讨集体反抗荒诞的可能。

"均衡系列"是加缪反抗荒诞的最终归宿。加缪的均衡思想，取自古希腊节制、中道、均衡精神。他接受的是建立在古希腊文化基础上的"有节制的哲学"，所追求的是一种社会的和谐以及人内心的均衡。这个思想完全体现在《反抗者》中。他的关注点是极权、暴力和寻找善与恶绝对二元之外的第三条路。作为一名人道主义者，加缪不拒绝革命，他只是反对暴力革命。他指出反抗压迫，必须要有人道和合理性，要懂得如何控制它，减少革命的破坏性。加缪提出对付荒诞社会的理性工具是"和谐"的反抗。

在经历了法西斯的暴力、斯大林主义的"大清洗"、法帝国主义行径和阿尔及利亚民族主义暴乱后，加缪在人性上再一次闪耀着地中海思想的光辉，他的哲学观从生命意识本身出发，试图重建已被摧毁的东西，使构建正义社会的设想在这个没有正义的荒诞世界上成为可能。

20世纪末，历史验证了加缪思想的合理性。在全球化的今天，"和谐"作为了世界的主题，越来越受到重视。所有这些，说明了世界与人类对加缪在意的程度，标志着他文学地位的显著性和存在的重要性，而他这时只有47岁。他是众所周知的诺贝尔文学奖在20世纪最为年轻的获得者之一。他英年早逝，逝于创造力勃发、神采飞扬的年纪，让世人对他的未可限量的前景，留下了扼腕长叹的惆怅与无穷尽的遐想。

附录

1. 加缪的继承者

加缪的龙凤胎卡特琳娜和让，出生于1945年9月5日，他们出生时，加缪受聘于伽利马出版社的审读委员会，还是《战斗报》最出色的评论员，事业蒸蒸日上。与巴黎的人们维持着表面的和谐，还没有遭遇那些可耻的围攻。

父爱的缺失是加缪生命中不可触碰的柔软，这对加缪产生着潜在的心理影响。他可以不关心家庭生活细节，但一定会关心孩子。尽管加缪多次声称他不适合婚姻，却没有妨碍他成为一个好父亲。

加缪对孩子们的爱是那种集温柔的关心和严格的塑造为一体的类型。只要和龙凤胎在一起，他喜欢和他们戏耍。还会在爱满满溢出时，甜蜜地给龙凤胎起一些别致的外号，"两个淘气包""小士兵和小橘子""两个强壮的小家伙"等。在加缪传世的照片中，我们能够看到他和孩子们在一起时的慈爱的表情。他也会在愉快的清晨唱着歌，冲进孩子们的房间，把他们弄醒。而在对待孩子的行为习惯和教育问题上，加缪非常严格。卡特琳娜因为是龙凤胎里的大孩子的原因，格外机灵和强壮一点，常得到加缪更多的关注。加缪认为她的心态开朗，性格果断，可以应付生活中的各种问题。而弗朗西娜则更关心有点柔弱的小儿子让。让有点敏感，性格内向，对音乐颇有天赋，遗传他母亲的基因，弹得一手好钢琴。他没能像加缪希望的那样成为一个"地中海男人"。加缪对儿子让比女儿卡特琳娜严格，经常批评让的一些生活习惯和性格缺陷，导致让不喜欢和他的父亲相处。加缪把让莫名其妙的性格归咎于丈母娘一家对孩子宠溺的教育方式。他坚持要把两个孩子送到寄宿学校接受教育，以避开女人为中心的家庭教育。

加缪 1960 年突然离世，龙凤胎 14 岁，还未成年。加缪生前本来是指定勒内·夏尔作为他的遗产执行人，可后来人们翻遍了加缪的遗物也没有找到那份委托书。于是在加缪的龙凤胎孩子成年以前，加缪的遗著一直是由弗朗西娜保管着。孩子们到了法定年龄，按正常的法律程序，所有的遗物包括遗著应由儿子让来保管和处理。可是具有自闭敏感性格的让并不愿意承担加缪儿子这一公众角色。成年后，他几乎过着隐居的生活。他默默地怀念父亲加缪，而不是名人加缪。2009 年，当时的法国总统萨科齐打算将加缪的遗体移至先贤祠，受到加缪的儿子让·加缪的反对，被指为"利用和消费"加缪，遂作罢。让了解他的父亲，加缪不喜欢这些虚名。女儿卡特琳娜热爱着自己的父亲，13 岁就开始阅读父亲的著作，并对父亲的事业保持着高度的热情。弗朗西娜决定将加缪遗著的保管工作交给卡特琳娜，因为她更懂得该怎么做。

卡特琳娜不仅成了加缪遗著的看护者，也成了研究加缪思想的专家。自从她接替母亲保管和整理父亲遗著，几十年时间，她从世界各地收到几千封信。无论来信的内容涉及什么主题，这些信都有一个共同点：对加缪的兄弟般的爱。她的父亲加缪引起关注不仅仅是精神上的，人们从中发现了某种与友谊一样本能的、无私的、直接的东西。这来源于他对世间有一颗公正无私的爱心。

卡特琳娜整理出版了加缪的很多遗著，包括第三本手记、几册日记、一些新闻评论和散文，还有他真正意义上的第一本小说《幸福的死亡》。而加缪生前视为最重要的那部《第一个人》，更是历经曲折，在加缪去世后 34 年才得以出版。

早在加缪刚去世时，伽利马出版社就建议弗朗西娜出版加缪的未竟遗作《第一个人》，弗朗西娜拒绝了。作为加缪一生的伴侣和最了解他的人，弗朗西娜深知当时的政治形势不适合出版《第一个人》。加缪生前对于阿尔及利亚独立问题所持的立场，造成了他在法国左翼和右翼的知识分子里绝对的孤立。甚至阿尔及利亚的同胞都埋怨加缪没有为阿尔及利亚做任何事情。因此，若在这种情形下发表未经任何修饰的遗稿无疑是给加缪的反对者们以攻击的利器，会招致越来越多政治的而非文学的评判性因素介入到对他作品的评价中。

卡特琳娜接手父亲遗著的保管整理工作后，《第一个人》是否出版、怎么出版的问题，又被提了出来。在考虑出版《第一个人》的时候，卡特琳娜有过思想斗争。出版的困难第一就是未完成的遗著《第一个人》初稿的内容是加缪即兴写的，有时候由于思路太涌，来不及清晰地记录，缺少标点符号，很多字迹很模糊甚至无法辨认。要想完全还原加缪本来的想法，工作难度有点大。出版的另一个困难就是，《第一个人》的内容，是没有经过打磨的完全的"初稿"。加缪对待自己作品的态度严肃而认真，作品发表前总要一再地修改。加缪是一个非常内向的人，生前不主张作者直接完全地将本人放入自己的作品里，无疑会在定稿中更多地掩饰自己的情感。而且，这是一部带有浓厚自传色彩的小说，肯定会涉及许多当事人。加缪虽然在他很多作品里都能找到原型的影子，但真要是对号入座却又非常困难。但这部小说的初稿，加缪还没来得及运用修辞手法把相关的人物和事件掩饰起来，这里面一定有许多不便完全暴露的东西。

虽然卡特琳娜知道父亲若在世绝对不会同意把这部作品照此出版。经过慎重考虑，卡特琳娜认为这部小说对于加缪研究有着特殊的价值。因此，在这个不仅没能完成，而且没经过任何修饰，许多地方都没有被擦抹掉的不成熟的文本中，卡特琳娜希望读者能以包容之心来解读，大家或许能够更清晰地听到加缪的真实声音。

1994 年，也就是距离加缪去世 34 年之后，他的女儿卡特琳娜·加缪根据母亲弗朗西娜的第一部打印稿，结合父亲的手稿，编辑整理《第一个人》后，交由加缪生前最信任的伽利马出版社出版。1995 年，《第一个人》的英文版（*The First Man*）问世，在英美文学评论界引起了相当大的震动。《第一个人》的出版，使人们对加缪的创作历程进行整体观照与系统探索成为可能。从 20 世纪 80 年代以来，人们开始重新估量加缪的价值，肯定他在 20 世纪世界文学史上不可抹杀的重要地位。

2009 年，由加缪的女儿卡特琳娜·加缪编辑的《孤独与团结：阿尔贝·加缪影像集》出版，加缪的一生通过大量的家庭照片呈现出来。一个人的形象活生生地立在读者眼前，可谓亲切又直接。卡特琳娜在这本影像集的出版前言里说道，她本来对于出版这本影集觉得有点没有头绪，雅克琳·列维-瓦朗齐的一段话鼓励了她："……他向我们呈现的神话，远非一些美丽的谎言，出卖真实，这些神话揭示了人类处境的深刻真理、世界的美、人的痛苦、他们的孤独、他们对生命的热爱，有时是他们对幸福之绝望的追求和他们的兄弟之情。"她从中得到了启示，为了重现他的笑、他的随意和他的宽容，为了重现那个对待生活怀着无比亲切、热情的人，卡特琳娜接受了困难和不完美，试着用照片按时间顺序来重现她父亲的生活。她成功了。这本影像集除了简短的前言和照片的说明之外，几乎所有的文字都出于加缪的作品，这固然需要对加缪的作品烂熟于心，更为重要的是，对加缪的生活的每一重要阶段都精心选用了适当的文字。卡特琳娜·加缪将加缪的活动分为"起源""觉醒·行动""反抗"和"孤独·团结"四个阶段，其中"孤独·团结"所占的篇幅最多，与影像集相呼应，表达一个女儿对父亲的怀念之情和理解之意。

2013年是加缪的百年诞辰，为了给父亲献上一份礼物，卡特琳娜将加缪的照片、绘画、笔记、信件、电报及文章摘录，编辑成《可分享的世界》一书出版，该书记录了加缪在阿尔及利亚、欧洲、美洲的旅行，其中许多资料之前从未出版过。该书依旧由伽利马出版社出版。

加缪百年诞辰，法国很多地方，甚至一些小村镇都举办了各种形式的纪念活动。法国依然有很多人在读加缪，很多人喜欢他。他用他的书打动了他们。因为他提出了每一个人都会问的问题，表达了每一个人的苦难、痛苦和忧虑……法国的当权者从来没有真正喜欢过加缪，而且加缪本人也厌恶权力。他总是说他是为那些历史的受难者而不是历史制造者说话。从许多方面说，加缪在法国始终是一位"局外人"。

作为加缪生命的延续者，卡特琳娜依旧住在加缪生前购置的那栋房子里。她怀念父亲。她也能感受到，在她的周围，依然有许多人怀念加缪。

2. 加缪年表

1913 年 11 月 7 日，阿尔贝·加缪出生于法国殖民地阿尔及利亚的蒙多维的一个平民家庭。祖父是法国农民，兼做铁匠，移民到法属阿尔及利亚。父亲吕西安·奥古斯特·加缪，母亲卡特琳娜·埃莱娜·桑德斯，有一个大两岁的哥哥吕西安·让·艾蒂安。

1914 年父亲吕西安·加缪在第一次世界大战马恩河战役中受伤，不久后死于圣布里厄军事医院。阿尔贝·加缪和哥哥随母亲寄住在贝尔古贫民区外祖母家，由做佣人的母亲艰辛抚养长大。

1921 年 5 月，开始得到政府抚恤金，生活困境有所缓解。

1923 年以战争孤儿享受助学金，进入沃默拉街男校读书。教师路易·热尔曼发现了加缪的天分，对加缪在学习和生活上格外关照，并极力劝说加缪的家人让他继续上中学。加缪对热尔曼老师念念不忘，并将诺贝尔奖获奖致辞题献给他。

1928 年加缪通过助学金考试。6 月，进入阿尔及尔的一所初中读书。

1930 年 10 月，加缪通过会考，进入高中阶段的学习。哲学老师让·格勒尼耶，培养了加缪对文学和哲学的兴趣。12 月初，首次肺结核病发作，生病的经历让他感受到生命中的不公。休学 10 个月，在家境宽裕的阿库姨夫家养病，开始大量阅读并尝试写作。

1932 年在文艺月刊《南方》杂志上第一次发表数篇随笔作品，发表散文诗《直觉》。

1933 年加缪哲学课作文获得全班第一。高中毕业，通过毕业会考。进入大学文科预科班，让·格勒尼耶老师鼓励他阅读和写作，并经常给予指导。用笔名在《南方》上发表小说处女作《一个死婴的末日》。

1934 年 6 月 16 日，与西蒙娜·伊埃结婚。

1935 年 8 月，加入法国共产党阿尔及尔支部，担任文化之家秘书长一职。因多次组织和参加演讲，被列入阿尔及尔警察局黑名单。创建劳工剧团。

1936 年 1 月，改编马尔罗的小说《轻蔑的时代》，并由劳工剧团出演。5 月，加缪执笔、集体创作的戏剧《阿斯图里亚斯的反抗》剧本由埃德蒙·夏洛出版社出版。春末大学毕业，论文题为《新柏拉图主义和基督教思想》。因肺结核病被取消参加法国大学学科教师招聘考试资格。7 月，和妻子西蒙娜以及朋友赴中欧和意大利旅游，因发现西蒙娜情人的邮件，回国后即与其分手。

1937 年 5 月 10 日，《反与正》在夏洛出版社出版，第一次表现出思想的锋芒。8 月首次游览巴黎，开始创作小说《幸福的死亡》，因认为作品不成熟没有出版。由于对法共在阿尔及利亚的政策有不同看法，被开除出党。夏末，在合租屋"翡虚院"认识弗朗西娜·弗尔。10 月，与好友夏尔·蓬塞创建"团队剧社"。

1938 年为《海岸线》杂志撰稿，并担任埃德蒙·夏洛出版社的文学顾问。担任《阿尔及尔共和报》编辑，和帕斯卡尔·彼亚相识。

1939 年负责《阿尔及尔共和报》读者俱乐部，在该书评专栏里撰写纪德、马尔罗、萨特等人的作品评论。5 月 23 日,《婚礼集》出版。9 月，第二次世界大战爆发，与彼亚创办《共和晚报》，并任主编。

1940 年 1 月，因宣传反战等思想，《阿尔及尔共和报》及《共和晚报》被查封。3 月，由彼亚介绍来到巴黎，进入《巴黎晚报》，先后在巴黎、克莱蒙和里昂当记者。写作荒诞三部曲，包括小说《局外人》、随笔《西西弗神话》和剧本《卡里古拉》。9 月和西蒙娜正式办理离婚手续。12 月 3 日和弗朗西娜·弗尔结婚。

1941 年 1 月，从巴黎返回阿尔及利亚，暂居奥兰，开始创作小说《鼠疫》。创作剧本《误会》。

1942 年 6 月 15 日，《局外人》出版。10 月 16 日，《西西弗神话》出版。

1943 年萨特在《南方周末》发表《局外人》评论文章。4 月，加缪结识了萨特和波伏娃，并成为亲密朋友。进入伽利马出版社，先是聘为秘书，后担任审读委员会委员。秘密出版《致一位德国朋友的书信》。

1944 年《卡里古拉》剧本出版。和彼亚创办地下抵抗组织刊物《战斗报》，8 月法国解放，《战斗报》改成日报。6 月《误会》首场公演。创作剧本《戏演完了》《伤寒》。

1945 年戏剧《卡里古拉》首次演出，获得巨大成功。9 月 5 日，弗朗西娜为加缪生了一对龙凤胎卡特琳娜和让。

1946 年离开《战斗报》。3 月，前往美国进行文化交流。4 月，美国出版英译本《局外人》。完成长篇小说《鼠疫》。

1947 年 6 月 10 日，《鼠疫》出版，获得巨大成功。曾获法国文学评论奖，进一步确立了他在西方当代文学中的重要地位。

1948 年 10 月，《戒严》首场公演，因触及敏感政治问题而失败。

1949 年 6 月，接受了法国文化部的安排，到南美举行两个月巡回演讲。肺结核严重复发。12月，《正义者》首次演出，获得成功。

1951年10月18日，出版哲学论著《反抗者》，遭到了左派知识分子阵营的攻击，引起激烈论战。

1952年因为哲学理念的不同，同《现代》杂志论战，并导致和萨特决裂。

1953年怀着巨大的热情，加缪再度投身戏剧，先后翻译和改编了皮埃尔·德·拉里韦的《精神》，玛利亚帮助他翻译，打磨卡尔德隆的《对十字架的尊敬》。当年6月，他携这两部戏剧参加昂热艺术节。年底，弗朗西娜爆发抑郁症，发生跳楼自杀事件。加缪立刻赶到了弗朗西娜的身边。

1954年春季，《夏天》出版。10月4日、5日、6日三天，前往荷兰做短暂旅行。这是加缪唯一一次访问这个成为他的小说《堕落》发生地的国家。加缪在阿姆斯特丹停留了两天。11月1日，阿尔及利亚民族解放阵线开始袭击阿拉伯和法国平民，随后阿尔及利亚战争爆发。

1955年3月，改编迪诺·布扎蒂的作品《一件有趣的案件》上演。4月，访问希腊。5月开始为《快报》写专栏文章评论阿尔及利亚危机，发表著名的《在阿尔及利亚实行全民休战的呼吁》一文。

1956年1月22日，在阿尔及尔"进步俱乐部"进行演讲，号召在阿尔及利亚实现休战，但没有得到回应。5月，《堕落》出版。实际上是对以萨特为代表的存在主义知识分了的一种质疑。9月22日，根据福克纳作品改编的《修女安魂曲》上演，取得巨大成功。

1957年出版短篇小说集《流放与王国》。与凯斯特勒合著《关于死刑的思考》，反对死刑。10月，瑞典文学院宣布将该年的诺贝尔文学奖颁发给加缪。12 月，去斯德哥尔摩领奖，并在瑞典的一所大学做了题为《艺术家及其时代》的演讲。

1958 年《瑞典演讲》和《时文集》（第三辑）出版。用诺贝尔文学奖奖金在鲁尔马兰买了一幢房子。

1959 年《群魔》上演。筹划成立剧团。写作带有自传性质的小说《第一个人》（未完成，后于 1994 年出版）。

1960 年 1 月 4 日，加缪搭乘朋友米歇尔·伽利马的自驾车去巴黎，途中发生车祸，加缪当场死亡，年仅 47 岁。